JN419345

아파서
다행이다

# 아파서
# 다행이다

초판 1쇄 발행  2025. 11. 7.

**지은이**  최유숙
**펴낸이**  김병호
**펴낸곳**  주식회사 바른북스

**편집진행**  김재영
**디자인**  최다빈
**마케팅**  송송이 박수진 박하연

**등록**  2019년 4월 3일 제2019-000040호
**주소**  서울시 성동구 연무장5길 9-16, 301호 (성수동2가, 블루스톤타워)
**대표전화**  070-7857-9719 | **경영지원**  02-3409-9719 | **팩스**  070-7610-9820

•바른북스는 여러분의 다양한 아이디어와 원고 투고를 설레는 마음으로 기다리고 있습니다.

**이메일**  barunbooks21@naver.com | **원고투고**  barunbooks21@naver.com
**홈페이지**  www.barunbooks.com | **공식 블로그**  blog.naver.com/barunbooks7
**공식 포스트**  post.naver.com/barunbooks7 | **페이스북**  facebook.com/barunbooks7

ⓒ 최유숙, 2025
**ISBN**  979-11-7263-648-7 03810

# 아파서
# 다행이다

최유숙 지음

바른북스

# 어디에도 없는

주민센터 민원실 앞 대기석에 앉아 임시 주민등록증 발급을 기다리다가, 돌연 '내가 나를 증명할 수 없다면?' 하는 아득한 생각에 빠진 적 있다.

어릴 때부터 나는 늘 읽고 쓰는 사람이었다.

'북 엔터테이너 과정' 첫 수업 시간. 강사가 "왜 책을 읽는가?" 물었을 때, 주저 없이 외로워서라고 대답했다. 어릴 때부터 나는 줄곧 외로웠고 외로워서 책을 읽고 일기를 쓰고 편지를 썼다. 조숙한 아이는 자라 혼자 말하고 혼자 듣는 사람이 되었다.

어릴 때의 나는 구체적인 직업을 꿈꾼 적 없었다. 인간의 삶을 구성하는 요소를 내용과 형식으로 나누자면 내겐 내용은 있었지만, 형식이 없어서 내용이 빛을 발하지 못했던 것 같다.

마흔 무렵, 우연히 문예 창작 수업을 만났다. 글을 쓰는 일은 지금까지 떠밀리듯 살아온 나를 재정립하고, '나는 누구인가?'라는 오랜 질문 앞에 다시 서는 변곡점이었다.

여기 모은 글들은 그 어떤 날들의 사사로운 기록이다. 외로워서 늘 누군가를 기다렸던 나는 이제 문학을 통해 더는 외롭지 않다. 오히려 외로워서 만나게 된 새로운 세상들이 참 좋아졌다. 내가 읽은 누군가의 문장이 나를 살게 했듯, 내가 쓰는 글이 나를 살렸다는 것을 고백하고 싶다.

사소한 일상을 글로 옮기는 동안 나의 하루가 어디에도 없는 나만의 고유한 시간이라는 걸 되새겼다. 글쓰기는 스스로를 돌보려 애쓴 시간이었고, 그 애씀이 모여 지금의 내가 되었다. 오래 아끼고 함께한 것들에 대해, 사랑하고 사랑받은 기억들에 대해, 돌보고 돌보아진 마음들을 간직하고 싶었다. 누군가 '내 인생의 시간으로 무엇을 했는가?' 하고 묻는다면 가만히 이 글들을 내밀고 싶다.

2025년 11월

책과 함께 최 유 숙

# 목 차

어디에도 없는

## 1. 아버지에게 가고 싶다

## 2. 부드러운 바닥

# 3. 아파서 다행이다

# 4. 스스로 기뻐하는 높이

1.

## 아버지에게 가고 싶다

# 아버지에게 가고 싶다

오늘은 토요일, 신경숙의 『아버지에게 갔었어』를 읽었다. 흔히 소설 속 아버지들은 술주정하고 아내와 자식을 때리고, 딴살림 차리고 노름하는 가부장적인 아버지가 주를 이룬다. 그러나 이 소설 속 아버지는 다정하고 따뜻한 여성성이 가득한 아버지다. 이 아버지는 어떻게 이럴까? 의구심을 가지며 읽다가 거의 다 읽었을 즈음 내 아버지가 끼어든다. 늘 웃음을 잃지 않던 아버지. 내일 갚을 빚 걱정에 잠을 설친 아침에도 이불을 개고 마당을 쓸고 학교에서 돌아오는 딸을 웃음으로 맞던 나의 아버지!

호스피스 병동에 머물다 임종을 맞은 환자 가족들을 대상으로 하는 애도 모임에 참석했을 때의 일이다. 돌아가신 분의 이름을 다 함께 부르고, 당신을 기억하고 있습니다. 당신을 그리워하고 있습니다. 말해야 하는데 나는 도무지 이름을 부를 수 없었다. 마치 이름이 목울대를 막아서기라도 한 듯 입이 바짝 마르고 손에 땀이 나고 숨을 쉴 수 없었다. 마침내 울음이 슬픔을 밀어내고서야 이름은 느낌으로 흘러나왔다. 단지 이름을 부르는 일이었으나, 사랑을 부르는 일이어서일 것이다.

이제는 아버지에 대해 말하고 싶다. 아버지와 보낸 그 많은 토요일에 대해, 아버지와 먹은 슬픈 국수에 대해, 아버지와 병원 대기실에서 보낸 시간에 대해, 흩날리는 벚꽃 나무 아래를 걷던 오후에 대해, 항암 주사 맞던 날과 방사선 치료의 날들, 제발 입원하자고 다툰 일, 아버지는 이기적이라고 악다구니 친 일, 아버지 등을 껴안고 서 있던 변기 앞의 순간들. 도저히 거기까지는 생각할 엄두도 내지 못했던 독거의 시간과 홀로 겪었을 죽음의 공포와 피 말리던 오줌 줄기에 대하여……

나는 토요일이면 아버지에게 갔다. 먼지가 뽀얗게 앉은 책상. 앉으면 자꾸 미끄러져 내리던 의자. 바꿔드려야지

바꿔드려야지 하면서 끝내 바꿔드리지 못한 아버지의 의자. 그 의자에 앉고 싶다. 그 의자에 앉으면 나는 금방 허리가 아팠는데 아버지는 어떻게 그 오랜 시간을 견디셨을까. 의자에 앉아 신문을 읽고, 면도하고, 오지 않는 전화를 기다리다가, 까무룩 졸면 방에 가서 그만 누우시라 청해도 '안 잔다' 하시던 아버지. 그 아버지에게 가고 싶다.

오늘은 토요일, 아버지에게 가는 날이다. 아버지 집에 가서 방을 청소하고, 같이 점심을 먹고, 세탁기를 돌리고, 젖은 빨래를 털어 햇볕 따가운 옥상에 널어 말리는 날이다. 토요일에는 아버지에게 가고 싶다. 토요일의 아버지 집에 가서 더는 당겨도 팽팽해지지 않는 가운데가 축 늘어진 옥상 빨랫줄에 내 슬픔도 툭툭 털어 말리고 싶다. 아버지의 긴 배웅을 받으며 돌아오는 토요일, 그 토요일 오후로 가고 싶다.

# 동곡장

아버지 집에 가려면 동곡을 지나가야 한다. 집에 오며 보니 마침 동곡 장날이다. 어릴 적 우리의 생필품은 거의 다 동곡장에서 샀다. 장날이면 엄마 손을 잡고 가서 발에 안 맞는 신발을 기어코 신고 왔던 곳. 갈아입을 옷가지를 한 아름 보자기에 싸서 가던 '청천 목욕탕'도 여전히 그 자리에 있다. 온탕에 들어가지 않으려는 내 등을 철썩철썩 때리던 엄마가 싫어서, 중학교에 들어가서는 엄마와는 절대 같이 가지 않게 된 그 목욕탕.

지난주 아버지 집에서 돌아올 때였다. 한동안 묵묵히 혼자 앉아 계시던 아버지께서 "역지사지해 봐라!" 하고 말씀하셨다. 그날은 엄마 돌아가시고 3년째 되던 날이었고, 대상포진으로 여러 날 고생하신 후였고, 아버지가 재혼 이야기를 꺼낸 날이었고, 다섯 남매 중 막내인 내가 유일하게 반대 의사를 밝힌 저녁이었다.

한 주가 지나 다시 아버지 집에 가는 날. 마음 무겁게 집에 들어섰다. 동곡장이 섰다는 이야기를 꺼냈는데 아버지께서 청소 대강 하고 장이 파하기 전에 얼른 동곡장에 가자고 하신다. 영문도 모르고 따라나선 내게 "점심에 상어회 해 먹자!" 하고 활짝 웃으셨다.

장에서 한 마리에 오천 원 하는 상어 두 마리를 샀다. 집에 돌아와 아버지가 꽁꽁 언 상어를 손질할 동안 나는 무와 배를 얇게 채 썰었다. 아버지가 시키는 대로 무와 배 그리고 상어를 큰 볼에 담고 초고추장으로 고루 버무렸다. 어릴 적 상어회는 겨울 한 철 내륙에서 맛볼 수 있던 별미였지만 어린 내가 즐기는 음식은 아니었다. 부엌에서 상어를 손질하며 아버지가 말씀하셨다. 엄마가 상어회를 특별히 좋아하셨다고.

큰 접시에 상어회를 가득 담고 따뜻한 밥 한 공기로 점심을 먹었다. '역지사지'는 온데간데없이 엄마 이야기를 하면서. 엄마가 상어회를 참 좋아했다는 이야기를 나누면서.

설거지를 끝내고 아버지 등에 대상포진 연고를 바르며 나는 잠깐 눈물을 삼켰다. 등에 난 상처에 약을 바를 수 없어 여기저기 동네 친구들에게 약을 발라달라며 등을 내밀었을 아버지. 어린 심청이 젖동냥하듯 약동냥 했다는 아버지의 농담을 들으면서.

# 막내 보아라

　전기밥솥을 수리하고, 전기장판을 싣고 아버지께 갔다. 방은 냉기가 돌고 그동안 잊고 있었던 두꺼운 솜이불이 요 위에 펼쳐져 있다. 부엌으로 간다. 가스레인지에 밥물 넘은 흔적. 둘러보니 전기밥솥을 고치는 한 주 사이 냄비 밥을 해 드신 것 같다. 잠시만 방심하면 포르르 끓어 넘치는 냄비로 밥을 짓는 일이란 여간 어려운 일이 아니다. 젊은 나는 당장 밥솥을 사네 마네 호들갑을 떨며 감히 냄비밥을 해보리라 생각지도 못했을 것인데, 아버지는 밥솥이 없으니 당연하게 냄비로 끓여 드신다. 보온밥통이 있으니 걱정하지 말라고 하셨는데 제 살기 바쁜 자식들처럼 너무 오래된 밥솥도 말을 듣지 않았던 모양이다.

막네 보아라


치과에 갔다가 홍상태 여식 결혼식에 갈 예정이다

문 앞에 있는 상자(감, 대추, 들깨) 가지고 가거라

내가 집에 올려면 오후 2시 쯤이나 올란지 모르겠구나

너가 오는데도 내가 나가게 되여 미안하구나


아버지로부터


아파서 다행이다

아버지 없는 집에,

아버지의 힘찬 필체가 나를 맞는다. 관절염으로 손가락 마디마디가 휜 사람의 글씨체다. 그러나 여전히 힘을 내어 살아가는 세상에서 가장 힘찬 한 사람의 정신이 빼곡히 깃들어 있었다.

구름이 많더니 그새 비가 내린다. 겨울비는 여름의 비와 달라 쏟아지듯 내리지 않는다. 그러나 오늘은 토요일, 아버지 집에는 겨울비 쏟아지고, 아버지 두고 혼자 돌아오는 내내 고속도로에는 속절없는 아버지 비가 쏟아졌다.

## 다 생각하고

　대기실에서 순서를 기다리는 동안 아버지는 다섯 번 화장실을 다녀오셨다. 바지에 튄 물방울들.

　경대치과병원. 구강암 판정. 후들거리는 다리로 1층으로 내려가 중증 환자 등록하고, 보철과에 가서 보철과 임플란트를 제거하고, 본원으로 가 영상의학과에서 MRI와 CT 촬영하고, 아버지와 나는 각자 집으로 돌아갔다.

　"살 만큼 살았으니 다 생각하고 왔다……"

# 월동회

친정에 왔다. 아버지의 동갑 계원이신 내 중학교 친구 부친의 부고를 전했다. 아버지는 동갑계 회장이시다. 42명으로 출발한 계원이 현재 14명. 다 간당간당 견딘다고 하신다. 장부를 꺼내 부고를 기록하고 전화로 알리고, 부의금 봉투에 이름을 쓰고, 모임 통장에서 출금하고…….

한 사람의 살아 있음이 돌아감으로 기록되는 과정이 나름 복잡하다. 아버지의 심기도 복잡해 보인다. 항암치료 마치고 돌아와 여전히 투병 중인 아버지시다. 어떤 사람은 기록되고 어떤 사람은 남는다. 오래 남아 차례로 먼저 보내는 심경은 어떨까. 술자리에서도 어떤 이는 늘 취하고 어떤 이는 늘 마무리한다는데 아버지의 역할은 언제나 후자였다.

돌아가신 시아버님 동갑계 이름은 '월동회'다. '월림동

동갑내기들의 모임'이라고 부르면 맞을 듯하다. 농사철을 피해 봄이나 겨울, 한나절 관광버스를 타고 떠나는 일이 월동회의 주 업적인데 버스에 오르는 순간 시작된 소주는 버스가 처음 출발한 곳으로 돌아올 때까지 이어졌다. 결혼 후 시어른 가까이 살면서 한두 번 떠나는 관광버스에 '박카스'와 '팩 소주'를 실어드리기도 했다.

월동이란 말, 가만히 읊조리면 왠지 추운 겨울을 함께 나는 철새들이 생각난다. 먹어야 할 약의 가짓수가 점점 늘어가는 회원들이 서로 날개를 비비며 생의 추운 계절을 지나가고 있다는 말처럼 들렸다. 그런 월동회도 지금은 동면에 들어 남은 이들은 간간이 소식만 전하고 지내신다.

아버지께서 부의금 봉투를 건네주셨다. 동갑 계원의 수가 많으니 부의금 액수도 꽤 두둑하리라 짐작했는데 가볍게 오만 원이다. 하나둘 순서 없이 별세하시는 분들이 늘어 그사이 회칙도 조금씩 변했겠거니 했는데, 처음 동갑계를 만들 때 책정된 금액이라고 하셨다. 액수의 많고 적음이 아니라 서로의 오고 감을 알고 가자는 취지였을 것이다. 같은 해에 태어나 같은 시대를 겪으며 서로 엇비슷하게 비교하며 어긋나기도 했을 사람들. 이 가벼운 부의는 그들의 살아 있었음을 증명하는 무엇보다 명백한 증거이리라.

배웅하는 아버지를 뒤로하고 문상하러 간다. 아버지는 다시 얼마의 계절을 더 기록하는 이로 남을 수 있을까. 동갑 계원 14명의 월동이 아직은 끝나지 않았는데…….

## 어리하다


병원 잘 다녀오셨나, 전화를 걸었다.
깜박 졸다 깬 목소리가 건너온다.
알아들을 수 없는 말을 두어 번 반복하시더니,


"내가 자꾸 어리해진다"


전화기 너머에서 희미하게 웃는 기척이 왔다.

# 부모 자식 사이

아버지 기다리는 칠곡 경대병원 로비.

뜻하지 않게 들리는 통화를 따라가 본다.

"니하고 내하고 서로 못 할 말이 없다아이가. 부모 자식 사이니. 니가 내한테 한 달에 삼십만 원씩 보냈는데 얼마 전부터 돈이 안 들어오더라. 집사람한테 들켜서 대판 싸운 건 아닌가 걱정되더라. 갑자기 돈이 필요하거든 아버지한테 얘기해라. 내가 그 정도는 해줄 수 있다"

부모 자식 사이라는 말, 저 아버지와 아들의 다 말할 수 없는 곡절에 관하여, 나는 어떻게 사연을 모르고서도 눈물이 왈칵 쏟아졌을까.

"요새 살림이 홀빈하재. 우짜겠노, 살아봐라"

늘 말이 없는 우리의 동행길. 아버지가 내게 하신 말씀이다. 부모 자식 사이인 우리에게도 서로에게 못 할 말이 없었을까.

청도에서 기차로 버스로 대구 본원에 와서, 다시 셔틀버스를 타고 칠곡 분원까지 오시는 아버지. 지친 얼굴로 "셔틀버스 안을 암만 둘러봐도 혼자 오는 환자는 나뿐이더라" 하시던.

고개만 넘으면 집에 닿을 거리의 정류장에 아버지를 내려드렸다. 여기에서 30분이면 아버지 집에 닿을 수 있을 텐데, 출근 시간에 늦을까 동동거리느라 어쩔 수 없이 8월 염천의 버스 정류장에 아버지를 내려드렸다. 부모 자식 사이에 나는 참 너무 할 말이 없다.

# 아버지의 방

　오르한 파묵의 소설『순수 박물관』은 1970~1990년대 이스탄불을 배경으로 '한 여자와 만나 44일 동안 사랑하고, 339일 동안 그녀를 찾아 헤맸으며, 2,864일 동안 그녀를 바라본 한 남자의 30년에 걸친 처절하고 지독한 사랑과 집착'을 그린 소설이다. 서로 엇갈리는 운명 속에서 그는 8년간 그녀의 집에 드나들며 그녀의 흔적이나 체취가 묻은 물건들을 하나씩 모아 한때 그녀와 사랑을 나누었던 장소에 보관한다. 그리고 그녀가 죽은 후 그 물건들을 전시할 '순수 박물관'을 세운 후 박물관 꼭대기 층에서 말년을 보낸다. 그녀가 피웠던 담배꽁초 4,213개까지 전시한 사람. 400쪽이 넘는 두 권의 책을 읽는 동안 계절이 바뀌었다. 읽다가 중지하기를 반복했다. 그의 사랑은 절절하지만, 나는 순수한 사랑보다 어둡고 무거운 감옥과도 같은 집착을 느꼈다.

시아버님 장례 치르고 사흘 뒤, 우리들은 모두 본가에 모여 대대적인 청소를 했다. 말이 청소지 50년 넘게 쌓인 흔적을 말갛게 지우는 행위였다. 새로 도배를 하고 가구를 바꾸고, 낡은 옷을 버리고 부엌 살림살이까지 다 새로 장만했다. 버림과 치움 혹은 새롭게 함의 시작은 먼저 혼자 되신 시고모님의 당부였지만, 사별의 슬픔에 대처하는 익숙하고 오래된 방식이었다.

아버지의 방. 작은 탁자를 덮은 유리 아래. 꾹꾹 눌러쓴 '홍옥체'라는 이름과 전화번호 10자리. 10년 전 돌아가신 엄마의 글씨가 10년이 지나도록 그 자리에 그대로 남아 있다.

내가 초등학교에 입학할 때부터 엄마는 화장품 외판원이 되었다. 늦도록 행상으로 지친 엄마는 저녁을 먹고 까무룩 졸다가, 치운 밥상에 장부를 펴고 앉았는데, 한글을 다 깨치지 못한 엄마가 아버지에게 장부를 넘기면 아버지가 틀린 글씨를 고치고 주판으로 계산하셨다. 엄마의 글씨를 볼 때마다 나는 엄마를 느낀다. 엄마가 아버지의 방에 같이 있다고 느낀다. 큼직하게 써서 유리 깔판 아래 잘 넣어둔 걸 보면 꼭 연락하고 싶은 사람이었을 것이다. 누군가의 이름을, 누군가의 연락처를 엄마가 힘껏 받아쓴 글씨를 아버지는 여전히 간직하고 있다.

10년 전 집 떠나 돌아오지 않는 남편의 옷을 옷장 속에 간직하고 있는 여자를 알고 있다. 어느 날엔가 아들에게 아버지의 옷을 입혀보고 언젠가 입을 수도 있겠다고 생각했다는 여자. 아버지의 옷을 입고 거울 앞에 섰을 그녀의 아들을 상상한다. 서늘한 촉감. 여자는 그렇게라도 아이들에게 아버지의 실존을 증명하고 싶었을까. "여자 혼자 사는 한옥 섬돌 위에/ 남자 신발 하나 투박하게 놓여 있다// 혼자 사는 게 아니라고/ 절대 아니라고/ 남자 운동화에서 구두에서/ 좀 무섭게 보이려고 오늘은 큰 군용 신발 하나/ 동네에서 얻어/ 섬돌 중간에 놓아두었다// 몸은 없고 구두만 있는 그는 누구인가/ 형체 없는 괴귀(怪鬼)/ 다른 사람들은 의심도 없고 공포도 없는데/ 아침 문 열다가 내가 더 놀라/ 누구지?/ 더 오싹 외로움이 밀려오는/

헛신발 하나"(『헛신발』) 신달자 시인의 시처럼 예전에는 여자 혼자 사는 집 섬돌 위에 남자 신발을 올려두고 살았다고 한다. 어쩌면 그녀 옷장 속 옷들은 그녀의 '헛신발'은 아니었을까.

『순수 박물관』은 우리가 부재를 다루는 방식에 대해 생각하게 했다. 흔적을 고스란히 갖고 사는 사람과 흔적을 남기지 않으려는 사람. 나는 어느 쪽에 가까울까. 아버지의 방에서 탁자를 닦을 때마다 나는 엄마의 글씨를 어루만진다. 부재를 끌어안는 방식은 사람에 따라 다르겠지만 우리는 부재할수록 더욱 선명해지는 기억의 박물관 하나씩을 갖고 있는 것은 분명한 사실 같다.

# 누군가 지나갈 때

비 오는 여름을 달려 아버지 집으로 간다.
앞차가 줄지어 지나갈 때
백일홍 꽃잎이
하르륵 떨어졌다.

누군가 지나갈 때 같다.

내 뒤에도 저런 꽃잎이 떨어질 것인데

누군가를 흔들고
누군가는 떨구었겠구나,

명치 언저리로 꽃잎이 하염없이 쏟아져 내린다.
아름다운 건 왜 아플까?

# 고장 난 벽시계

그해 여름과 가을은 구미와 청도와 대구를 오가던 숨 가쁜 동동거림이었다. 아버지는 무시로 약 먹는 걸 잊고 이미 먹은 약을 잊었다. 나는 시시로 변하는 통증에 대응하기 위해 병원을 오가며 진통제를 조절하느라 내내 서서 자는 느낌이었다. 그 여름, 방학을 맞은 큰언니가 아버지와 일주일을 보내면서 집 안 곳곳에 이름표를 붙여두었다. 주로 옷장, 가방, 속옷, 양말 따위의 명사들이었다. 그중 하나인 벽시계에는 커다랗게 '고장'이라고 써두었다.

늦도록 뒤척이는 아버지 방문 앞을 서성이다 깊이 든 잠을 확인하고 나서야 들어가 눕던 작은방. 벽에 걸린 시계에 적힌 '고장'이라는 글씨. 시계가 언제부터 멈춘 것인지 정확히 기억나진 않지만, 아버지와 아버지의 거꾸로

가는 시간과 우리들의 속수무책을 함축하는 것 같아 좀처럼 눈을 뗄 수 없었다.

고장 난 시계라면 벽에서 내려도 좋았을 텐데, 언니는 어떻게 '고장'이라고 적고 다시 제자리에 걸었을까? 마치 '수리 중이니 돌아가시오'라는 공사 안내 팻말 같았다. 고장이니 시계의 시간을 믿고 낭패 보지 말라는 친절한 배려였겠지만, 내게는 고장 난 사람도 고장 난 그대로 인정하자는 말로 들렸다. 어찌할 수 없는 일이라면 어찌할 수 없는 그대로를 수용하자는 경구처럼 읽혔다. 나는 '고장'이라고 쓰고 다시 걸어둔 벽시계를 보며 가난한 집 맏딸로 태어난 언니가 지금껏 공들여 쌓아온 삶의 방식을 짐작할 수 있었다.

나는 어려서부터 잔병치레가 잦아 자라는 내내 아버지의 측은한 눈길과 "야가 고장이 나서……"라는 걱정의 말씀을 들으며 자랐다. '고장' 난 딸을 자전거에 태우고 보건소로, 대처의 병원으로 데리고 다닌 분도 아버지셨다. 아버지는 툭하면 편도가 부어 침도 못 삼킨다는 나를 달래 보건소에서 주사를 맞힌 다음 '대구식당'에서 짜장면을 사 주셨다. 달고 고소한 짜장면이라면 편도가 부어도 좋았다. 내가 바닥까지 싹싹 긁어 먹을 때까지 아버지는 천천히 막걸리 한 병을 비우셨다. 특별한 날이 아니면 먹을 수 없던 짜장면이었다. 나는 지금도 짜장면을 떠올리면 아버지와 마주 앉았던 그 식당이 생각난다.

모처럼 휴대전화 앨범 속 고장 난 벽시계 사진을 꺼내 본다. 고칠 수 없으면 고치지 않아도 괜찮다는, 기우뚱하면 기우뚱한 그대로 괜찮다는, 아프면 아픈 그대로 그 자리에 있어주면 된다는 큰언니의 간결한 문장을 읽는다.

사람도 힘들고 아프면 '고장'이라고 쓰고, 그냥 지켜볼 수 있으면 좋겠다. 고쳐라, 치료해라, 바꿔라, 이렇게 해라, 저렇게 해라, 그런 지당한 말들로부터 나를 지키고 싶다. 고칠 수 없다면 고치지 않아도 괜찮다고 말해주는 언니가 있어서 얼마나 다행인가. 오늘은 '고장'이란 팻말을 내 목에 걸어두고 싶다.

# 언젠가는

아버지 집에 와 아버지의 의자에 앉아 아버지의 TV를
본다.

충북 영동의 영국사 은행나무가 주인공이다. 까마득
히 먼 발아래, 마치 눈인 양 쌓인 저 노란빛이 궁금하다.
1,300년이 넘었다는 은행나무의 첫 얼굴을 상상한다. 오
래고 오랜 나무의 여름과 가을을 모르고 잎 진 겨울 은행
나무를 보러 간다면, 거기에서 은행나무의 봄과 여름과
가을을 짐작할 수 있을까.

검은 비닐 자루 하나 거실에 나와 있다. 누구의 손을 빌
리지도 않고 혼자서 조용히 진행하는 분류작업. 이토록
조용한 마무리를 언제 보았던가. 오랜 여행을 계획한 사
람이 부재중 해야 할 일을 다 마친 후에 현관 앞에서 마지

막으로 가만히 뒤돌아보는 것 같다. 살아온 날들처럼 끝까지 자신의 생에 책임지려는 사람의 곧은 의지가 거기에 있었다. 마약성진통제의 영향으로 섬망이 더해지고 볼에 생긴 누공으로는 피와 암 덩어리가 쏟아졌다. 아버지는 희미해지는 기억에 의지해 칸칸이 가득 찬 책상 서랍을 비우고, 정교하게 꾸려온 진료기록이며 서류며 영수증이며 통장 따위를 일일이 다시 읽어보고 분류하신다. 언젠가 이면을 재사용하려고 모아온 신문 띠종이들이 버려지고, 지난한 평생의 살림살이가 고스란히 기록된 금전출납부들이 줄줄이 끌려 나왔다. 그중에는 '유숙 잡비'라고 쓴 기록들도 있을 것이다. 아버지의 일생이 불려 나왔다.

자꾸만 미끄러지는 아버지의 의자에 앉아 아버지의 일생을 더듬어 보다가 작은 화면 가득 오래된 나무를 본다. 100년 남짓한 한 사람의 생애도 감히 짐작할 수 없을 것인데 1,000년의 시간이라니. 감당하기 어렵다. 언젠가는 저 나무 곁으로 가야겠다고, 꼭 가겠다고, 마음에 또박또박 눌러쓴다.

# 친애하는 나의 집에게

『친애하는 나의 집에게』(하재영, 라이프앤페이지, 2020)를 읽었다. 1979년에 태어난 작가가 그동안 지나온 집들에 관해 기록한 글이다. 대구 북성로 조부모의 집에서 출발해 수성구의 명문빌라, 그리고 서울에서 살아온 원룸과 재개발 지역의 방들. 그리고 그 안에 녹아든 가족의 내밀한 이야기를 함께했다. 유복한 어린 시절을 지나 스스로 자기를 책임지는 삶을 살고 있는 작가의 기록을 읽으며 나도 내가 살았던 그리고 내 가족의 집에 대해 생각하게 되었다. 필연적으로 독서는 작가의 이야기가 아니라 내 이야기가 된다.

나는 거꾸로 시작하려고 한다. 내 유년의 집이 아니라 지금의 내 아이가 사는 서울의 방에 대하여서다. 솔직히 책을 읽어 내려가는 동안 책장이 잘 넘어가지 않았다. 6 평 방에 기대 살아가는 서울살이를 모르지 않기 때문이다. 그 허술한 원룸을 방이라고 불러야 할까, 집이라고 불러야 할까. 몸 하나 누이면 가득 차는 찬방에 아이를 내려주고 돌아오던 2015년을 기억한다. 보증금 오백만 원에 월 삼십오만 원의 방. 가고 싶은 학교에 진학할 수 있다는 것만으로 벅찬 아이는 몸 누일 방이 있어 다행이라고 말했지만, 그날의 다행은 수십 번의 절망과 체념 뒤에 마지막에 다다른 길이어서 목이 메었다. 익히 아는, 내가 미리 살아본, 나를 울게 했던 방이었기 때문이다. 아이는 그 방에서 2년을 살아냈다. 추워서 이불을 머리끝까지 뒤집어쓰고, 나날의 생활비를 개량하며 지냈다. 그렇게 지친 저녁이면 내게 전화를 걸어 잘 살고 있다고, 씩씩하게 말하고 하하 웃었다. 그래야 잘 살고 있다고 확신할 수 있었을 것이다. 아이가 다음에 갈 방은 어떤 방일까? 경제적 독립을 이루기 위해 치러야 할 대가가 너무 크지 않았으면 싶지만 바람과 달리 현실은 그리 녹록하지 않다.

결혼 전 나에게 집은 유일했다. 빨리 집을 떠나기 위해

결혼을 했다는 한 친구는 소읍에서 무려 열세 번 이사했다고 한다. 상상하기 어렵다. 댐이 건설되고 수몰민이 되어 어쩔 수 없이 집단 이주한 마을의 집을 나는 한 번도 '우리 집'이라고 생각하지 않았다. 부모님이 살고 계신 집일 뿐. 나에게 집은 내가 태어나고 자란 청도군 운문면 대천리 779번지.

방이 두 개 있었다. 앞쪽으로 가게에 딸린 작은방이 있고 부엌을 사이에 두고 아궁이가 있는 큰방과 마당이 있었다. 마당에는 작은 화단과 창고가 있었고 가장 안쪽에 변소가 있었다. 창고 위는 장독대였는데, 내가 고등학생이었을 때 아버지가 거기에 2층을 올리고 방을 만들긴 했지만, 난방이 어려워 기대와는 달리 여름용 방이 되었다. 잠깐이었지만 처음으로 내 방이 생겨 얼마나 신났는지 모른다.

막내인 나는 어릴 때부터 집을 떠날 때까지 줄곧 부모님과 함께 작은방을 썼다. 밤이면 천장에서 쥐들의 경주가 펼쳐지던 방. 쥐가 내 얼굴 위로 떨어질 것 같았던 밤들. 그 시절 시골에서 살았던 친구들의 증언에 따르면 천장의 쥐들은 그냥 늘 같이 있는 이웃이라 무섭지 않았다고 하는데, 그때도 지금도 나는 쥐가 세상에서 가장 무섭다. 그때의 나는 매일 울다 잠이 들었다. 부모님께 야단을 들은 것도 친구와 싸운 것도 아니었다. 부모님이 매일 내일 갚을 빚 걱정을 하는 밤, 나는 잠들지 못하고 깨어 소리죽여 울었다. 아버지의 주판알 소리와 엄마의 나직한 한숨 소리에 잠을 이룰 수 없었다. 나날의 오늘이 불안했다. 매일 아버지가 죽는 꿈을 꾸었다.

그런 날들 속에도 아버지의 화단에는 언제나 장미, 채송화, 사루비아, 목단, 국화가 차례로 피었다 졌다. 기억하는 모든 날 모든 순간을 지킨 사철나무는 우리가 집을 떠날 때까지 아버지의 손길을 받으며 키를 키웠다.

집에 관하여 쓰는 것은 그 집에 다시 살아보는 일이다. 아마도 그때 내게 방이 있었다면, 나는 조금 덜 불안하고 철이 없었을 것이며 혼자 엉엉 울 수도 있었을 텐데……. 간절히 돌아가고 싶은 시절은 아니지만 그 집에서 나는 자랐고 오늘의 내가 되었다.

이제 운문면 대천리 779번지로는 다시 돌아갈 수 없다. 그곳에서 태어나 아장아장 기어다니다 마루의 회벽을 파먹기도 했던 집, 그립고 애틋한 장소지만 그곳에서 나는 눈물을 들키지 않고 속으로 삼키는 법을 너무 일찍 배웠다. 사람은 집에 기대어 살고, 집은 사람 속에 영혼으로 깃들어 있는지도 모르겠다.

2021년의 마지막 날이다. 해가 바뀌면 아이와 다시 방을 구하러 가야 한다. 최소 2년은 기대어 살아야 할 방. 그 방에 창이 있기를. 창으로 햇살이 조금이라도 들기를. 그리고 그 방에서 두 발로 힘껏 일어설 수 있기를.

2.

## 부드러운 바다

# 꽃병과 약병 사이

　벨이 울린다. 9시! 후다닥, 양치하다가 얼른 물을 뱉고 방으로 들어왔다.

　세 자매의 단톡방 영상통화 시간. 언니들이 징검돌처럼 차례로 등장해 방긋방긋 웃는다. 서로의 얼굴만 봐도 미소가 절로 피어난다는 듯. 저 꽃들의 안색을 살피는 일이 내 전 생애 같다.

　우리들의 영상통화는 주민센터에서 컴퓨터 활용 중급 수업을 듣고 있는 큰언니가 단톡방에서 영상통화 하는 방법을 전수하면서부터 시작되었다. 오늘 큰언니는 마치 인도 여인처럼 어깨에 숄을 세로로 길게 드리우고 나왔다. 무더운 한여름에 웬 숄인가 했는데, 오십견으로 냉기가 닿으면 어깨가 시리고 아파 숄을 두르고 있다고 했다. 얼마 전 내가 서울 병원에 진료받으러 갔을 때도 저렇게 숄을 어깨에 척 올리고서 한 시간을 달려왔었다. 여전히 철 없는 막내인 나는 언니가 아픈 줄도 모르고 '역시 큰언니는 멋쟁이야!' 생각했었는데…….

작은언니가 식탁 위의 꽃병을 들어 보인다. 밤사이 비바람에 꺾인 백일홍을 방으로 들였다고 했다. 진홍색 백일홍 꽃병 옆에 약병들이 키 재기 하듯 가지런히 늘어서 있다.

작은언니는 어릴 때부터 유독 약 먹는 걸 힘들어했다. 가능하면 약을 안 먹는 쪽으로, 될 수 있으면 적게 먹으려고 한 알을 반 알로 줄여 먹는 일도 부지기수였다. 그러면 안 된다고 정색하고 쓴소리해도 약에 대한 언니의 거부감은 줄어들지 않았다. 그런 언니였는데, 두 해 전부터 어쩔 수 없이 약을 상비하고 다니는 형편이 되었다.

나이와 먹는 약의 수는 비례한다지만, 작은언니의 경우엔 알레르기가 원인이었다. 미리 알 수 있다면 좋았겠지만, 인생이 그러하듯 버려진 고양이를 집에 들이고 나서야 알레르기가 있다는 사실을 알게 되었다. 언니는 무엇이든 품는 건 자신 있지만 밀어내는 일은 생각도 해보지 않은 사람이라 알레르기는 점점 깊어져 더는 참을 수 있는 정도를 지나쳐 버렸다. 잠을 잘 수도 옷을 입을 수도 없게 되자, 그제야 병원을 전전하고, 약을 먹기 시작했다. 그렇게 2년이 지났다. 알레르기에 무방비가 된 피부는 좀처럼 회복되지 않고, 다소 완화되긴 했지만, 머무는 환경에 따라 가려움은 쏜살같이 되돌아온다. 여전히 현재진행형이다.

자매의 얼굴과 백일홍 꽃병과 나란한 약병들을 둘러보다가, 문무학 시인의 시 한 편이 떠올랐다.

"젊을 적／ 식탁에는 꽃병이 놓이더니／ 늙은 날 식탁에는／ 약병만 줄을 선다／／ 아!／ 고작 꽃병과 약병／ 그 사이에／ 있던 것을……!"

– 문무학, 「인생의 주소」

인생의 덧없음을 짧은 시에 담았는데, 시를 읽은 많은

이들이 공감의 글을 남긴 것을 읽었다. 아마도 꽃병과 약병으로 대변되는 비유가 많은 이들의 일상과 가깝게 와닿았던 것 같다.

누구도 아프지 않은 밤은 없을 것이다. 노화와 질병은 오후처럼 다가오고 하루가 지나가듯 우리의 인생도 지나갈 것이다. 세 자매의 식탁에도 약병의 수는 늘어나겠지만, 나는 여전히 바람에 꺾인 꽃을 꽃병에 꽂으며 다정하게 약을 챙기는 아침을 맞고 싶다. 누가 뭐래도 "약이 아니었다면 내가 우째 여태 살았겠노! 약 덕분에 살지!" 하시던 아버지의 딸들 아닌가. 언니들과 함께하는 이 아침이 아직은 참 좋다. 서울과 안동과 구미를 잇는 긴 예각삼각형의 거리. 이만하면 괜찮은 오후의 햇살이다. 한 가지에서 난 세 자매가 마주 보며 웃을 수 있다는 것, 특별한 관심과 사랑 속에서 살아가고 있다는 것. 부모님이 물려주신 삶의 태도를 공유하고 있다는 것. 삶과 죽음처럼 꽃병과 약병도 서로 다른 이름이 아닐지 모른다.

# 훔쳐보기

철없이 문학상에 투고하겠다고 덤비던 고등학생 때 일이다. 원고를 읽던 언니가 "너는 일기에도 솔직하지 않더라……" 하고 말했을 때도 나는 부정하지 않았다. 40년 가까이 세월이 흘렀지만, 그때에도 지금에도 나는 말할 수 없는 것을 잘 말하는 법을 배우지 못했다. 늘 말이 궁색하고 서툴다. 서툴다 보니 자꾸 감추게 되고 감춘다는 게 벽이 되었다. 도회로 유학 간 언니가 집에 올 때마다 내 일기를 훔쳐본다는 사실도 이미 알고 있었다. 어쩌면 그때의 나는 내심 누군가가 나를 훔쳐봐 주기를 관심 가져주기를 기대하고 있었는지도 모르겠다.

네다섯 살 때쯤, 외출하는 부모님을 따라가려고 비포장도로를 달려가다 돌부리에 걸려 넘어진 적이 있다. 그때,

운수 사납게도 날카로운 돌에 콧등이 찢기고 말았다. 피를 철철 흘리며 우는 내 모습에 놀란 두 언니는 발을 동동 구르며 피가 보이지 않을 때까지 아무거나 가져다 붕대 대신 칭칭 감았다고 한다. 지금도 콧등에 그날의 흉터가 남아 있다. 그때 두 언니는 겨우 초등학교 4, 5학년이었는데 피를 철철 흘리는 어린 동생을 보고 얼마나 놀랐을까. 그래도 동생을 죽게 내버려둘 수 없어서 어떻게든 피를 멈추게 하려고 온 얼굴을 미라처럼 챙챙 동여맨 그날로부터 지금껏 언니들은 나를 지키는 호위무사 역할을 자처하고 있다.

대학원서 마감 하루 전날. 작은언니를 만나려고 무작정 안동으로 달려갔었다. 언니는 내가 결정한 진로에 강하게 반대의견을 냈다. 무단으로 결석하고 달려온 이유가 자신의 반대 때문이란 이야기를 들은 언니는 내심 놀란 얼굴이었지만, 뜻밖의 대안을 제시했고, 설득하려고 했다. 마주한 언니의 열띤 얼굴을 본 순간 나는 뒤늦게 알아차렸다. 언니의 반대가 문제가 아니라 언니에게 방점을 찍고 있었던 내 문제란걸. 언니는 그날의 일을 어떻게 기억할

까. 언니의 종교적 신념이 내 인생의 결정을 바꾼 중대한
사건이었다는 것을…….

얼마 전 모처럼 집에 놀러 온 작은언니가 내 방 책상 위
에 올려둔 일기장을 몰래 펼쳐 읽고 있었다. 내가 부엌에
있을 때의 일이었다. 잠깐 언니에게 뭔가 이야기를 전하
러 갔을 때 일기장에 코를 박은 언니를 발견했다. 부르려
다 가만히 물러났다. 어린 날로부터 이제는 같이 나이 들
어가는 중년에 이르렀지만, 언니가 내 언니인 것이 끝나
지 않듯 나를 염려하는 언니의 훔쳐보기도 끝나지 않을
것 같다.

막내인 나를 부를 때 꼭 자신들의 딸 이름으로 부르는
언니들. 자꾸만 딸과 혼동되는 동생. 나는 언니들에게 더
는 무거운 짐이 되고 싶지 않은데. 그렇다고 다시 일기에
솔직함이란 요소를 빼야 할까. 어렵게, 속 터지도록 더디
게 연마한 이 정도의 솔직함을 언니를 위해, 나를 염려하
는 이들을 위해 내려놓아야 할까.

멀리서 오는 빛처럼 나는 언니들의 따스한 관심과 사랑으로 여기까지 무탈하게 살아왔다. 보이지 않는 실뿌리로 우리들은 이어져 있고 내가 아프면 언니들도 아프다는 걸 아는데……. 나를 훔쳐본 언니는 괜찮을까. 누군가를 지켜보는 일은 책임이 따르는 무거운 일이다. 그 사람의 어둠까지 밝혀야 할 것 같은 의무감이 생기기 때문이다. 외로워서 누구라도 나를 보아주기를 바랄 때도 있었지만, 이제는 스스로 짊어져야 할 인생의 숙제라는 걸 아는 나이. 우리는 서로 그런 나이에 도달했는데, 언니는 언제까지 나를 염려하고 내 몫의 짐을 지려 할까.

# 언니와 돌

언니는 지금껏 몇 번 이사했을까? 낱낱이 헤아려 보진 않았지만, 얼추 열 번은 넘는 것 같다. 그중 태반은 아이들 양육과 교육을 위해서였지만, 옮길 때마다 이사할 집에 맞춰 버리고 새로 장만해야 할 살림살이들이 생겼다. 그때마다 거의 사용감 없는 생활용품들을 수고로이 대신 처분이라도 하듯 은근슬쩍 우리 집으로 가져오곤 했다. 언니로선 버리기 아까운 물건들을 버려야 하는 마음의 짐을 드는 격이어서 무상 나눔하고도 고맙다는 인사까지 들었다. 나는 쾌재의 미소를 지었다.

며칠 전 또다시 이사한 언니의 집을 방문했을 때다. 부엌 개수대 옆, 직사각형 모양의 도자기 접시 위에 정체불명의 돌멩이 여러 개가 불협화음처럼 올려져 있었다. 그러고 보니 화장실에서도 비슷한 돌들을 보았다. 궁금해하는 내게 언니는 "좋아서……. 난 돌을 보면 마음이 편해져"라고 말했다.

며칠 전 어린이도서관에서 읽은 동시 생각이 났다.

'가재를 품어주고/ 물고기를 숨겨 주고,// 징검돌도 되어 주고/ 빨랫돌도 되어 주고,// 아무것도 바라지 않고/ 냇물 속에 엎드려서// 모두를 위해 주는 돌/ 참으로 고마운 돌.'
― 김종상, 「고마운 돌」

나도 모르게 코끝이 찡해졌다. 언니는 그리운가 보다. 어릴 때 우리가 뛰어놀던 물가. 강변에 가득하던 돌들이. 언니 등에 업혀 깊은 강을 건너가면 너른 강변에 언니들이 만든 돌집이 있었다. 매끈하고 둥근 커다란 돌들로만 골라 지은 집. 서로 좋은 집을 지으려고 동무들과 낑낑거리며 들고 나르던 돌들. 소꿉놀이하고 젖은 옷을 말리고 누워 놀던 강가의 돌집. 그 돌집을 나도 잊을 수 없다. 고마운 돌이었는데, 그 돌들 지금 그곳에 그대로 있을까?

생각해 보니 고맙다는 말을 한 번도 하지 못했는데…….

얼마 전 제주시 애월읍 장전리의 카페 '오롬마르'에 갔었다. 언젠가 제주에 문태준 시인 부부가 운영하는 찻집이 있다는 말을 들은 기억이 있어서 제주에 가게 되면 꼭 한번 가보고 싶었던 곳이다. 그곳에서 자갈 크기의 현무암 돌멩이들을 소복하게 담은 둥근 함을 발견했다. 그릇의 표면에 'MENVHA'라는 영문이 새겨져 있었다. '평안'과 '안식'을 뜻하는 히브리어라고 한다. 시인에게도 돌멩이들이 평안과 안식을 주는 것일까. 오롬마르의 돌멩이들을 보면서 나는 언니와 언니의 돌멩이들을 떠올렸다.

설거지를 끝내고 언니의 돌을 가만 쓰다듬는다. 고향집 강변의 돌에 비할 수 없지만 언니의 부엌에 불려 와 언니에게 위로를 주는 고마운 돌들……. 돌아, 고마워! 응답하듯 씽긋 웃는 돌들.

이번 이사에도 어김없이 냄비와 프라이팬과 공짜로 주기 아까운 물건들을 잔뜩 챙겼다. 무료 당근 나눔하고 현

관 앞에 서서,

"언니야, 나한텐 언니가 돌이야. 어떤 순간에도 나를 아끼고, 잊지 않고, 아무것도 바라지 않고, 내어주기만 하는 언니라는 돌! 고마워!!"

나는 때를 놓치기 전에 말랑말랑한 '언니돌'을 꼭 껴안았다.

# 부드러운 바다

저녁 무렵 언니에게서 전화가 왔다. 의자에서 떨어졌는데 엉덩방아를 크게 찧었고 머리에는 커다란 혹이 생겼다고 했다. 떨어진 자리에 누워 물기 없는 목소리로, 바닥이 나를 밀어냈다고 했다. 서둘러 병원에 가보라 당부하고 전화를 끊는다.

지난 일요일 모과를 따러 갔다. 떨어진 모과를 주우려는데 남편이 가지에 달린 모과를 따 건네준다. 따스한 온기가 찬 손바닥으로 스민다. 먼 우주에서 온 온기겠지만 내 이마를 짚을 때처럼 어딘가 슬픈 기색이 있는 미열이다. 임종을 지키던 병상에서 금방 누군가 떠나가던 순간의 떨림. 마주 잡은 손에서 서서히 떠나가던 온기. 별세라고 했던가. 그런 서늘한 온기가 지금 막 가지에서 딴 모과에서 전해온다.

　떨어진 모과를 줍는다. 상처 하나 없이 무사하다. 물렁물렁한 논흙으로 떨어진 모과는 한뎃잠 자고 일어난 노숙자처럼 축축하고 흙이 묻었지만, 아무 일 아니란 듯 무릎을 툭툭 털고 일어나 기지개 켜는 것 같다. 떨어진 모과를 줍는다. 흙은 참 좋구나. 물렁물렁한 것들은 참 좋은 거로구나. 감탄하며 줍는다. 흙이 떨어진 모과를 받듯 그게 누구든 상처 없이 받아낼 수 있다면, 어떤 견딤 없이도 온전히 안을 수 있다면 얼마나 복될까.

　논흙은 떨어지는 대상의 모양대로 눌리고 파이고 흔적이 남아도 천천히 다시 제자리로 돌아간다. 날카로운 것은 날카로운 대로, 비겁한 것은 비겁한 대로, 서툰 것은 서툰 대로 고스란히 받아내는 저 가을 논흙의 관용을 본받고 싶다. 죽기 전에 꼭 가보고 싶은 여행지가 있느냐는 질문을 받은 적 있다. 내게는 꼭 가보고 싶은 특정한 장소가 도무지 없었는데, 지금 문득 좀 엉뚱한 대답일지 모르나, 오는 대로 다 받아안는 논흙의 부드러움이야말로 내가 마지막에 터를 잡고 살고 싶은 곳이라고 말하고 싶다.

스스로 자랑하지도, 스스로 아파하지도 않는 계절처럼 질척대는 논흙에 서서 떨어진 모과를 줍다가 그동안 나를 받아안은 이들에 대해 생각한다. 그때의 나는 어떤 모과였을까. 나로 인해 상처 났을 흙들. 그 흙들의 단단함에 따라 나도 칼날이 되어갔으리라. 아무 기대도 바람도 없이 그저 저 논흙처럼 물렁물렁 살아, 바닥인 내게로 오는 것들을 무심히 받고 싶다.

언니는 혼자 병원에 다녀왔고 큰 탈은 없다고 한다. 언니를 받아안은 바닥에 감사하는 밤이다. 떨어진 순간 내 생각밖에 나지 않았다는 언니의 말. 축복처럼 우리는 서로에게 가을 논흙이 되어주고 있었다는 말. 따스하고 물렁물렁한 끈끈한 자매의 바닥……

## 벚꽃 잘 받았어요

　메시지가 도착했다. 통! 통! 통! 튀어오는 그녀의 메시지들. 언제나 그녀의 메시지는 통! 통! 통! 날아온다. 어떤 메시지는 느린 걸음으로 오고 어떤 메시지는 점심처럼 짧게 점을 찍고 가지만, 그녀의 메시지는 어김없이 연타다. 그냥 한 번에 긴 문장으로 오는 법은 없다. 짧게, 발랄하게, 여러 번, 스타카토로 온다. 자면서도 다 듣는 애인이 있다는데 나는 자면서도 그녀를 알아본다. 잠결에 한쪽 눈은 감고 한쪽 눈만으로 애써 휴대전화 화면을 확인하지 않아도 그녀의 발걸음을 안다. 매인 염소처럼 사계절을 집과 동네만 맴도는 내가 놓칠 눈이며, 꽃이며, 봄나무들의 연둣빛 솜털이며, 썰매 타는 그녀의 발그레한 볼까지를 모두 보내온다.

마구마구 날아오는 사진과 동영상들은 그러나 대강대강 마구 찍어 보내는 게 아니다. 족히 아흔아홉 번 찍은 후 가장 마음에 드는 사진을 고르고 골라, 내 방으로, 고여 있는 이의 마음으로 통! 통! 통! 정확하게 패스! 3층에 사는 그녀가 6층으로 쏘아 올리는 저 발랄한 통통거림이 내게 와서 살아 움직인다. 남녘의 홍매화 피고, 금오산 폭포수 쏟아지고, 지리산 바래봉 눈 쌓인다. 집 밖에 나가지 않고도 그녀와 함께 출렁이면 사계절쯤 가볍게 지난다. 그렇게 우리가 나눈 계절이 근 20년. 계절로 환산하면 팔십 번의 봄 여름 가을 겨울.

얼마 전 그녀가 집을 내놨다. 그녀가 이사한다는 생각만으로도 3층이 사라지는 것 같다. 3층이 사라지면 6층이 있을 수 있을까?

아이를 유치원에 데려다주고 돌아오는 계단에서 처음 그녀를 만났다. 장성한 아이들처럼 우리의 관계도 완숙한 성년에 이르러, 서로의 얼룩을 알아보고 쓰다듬을 줄 알게 되었다. 그녀가 떠나도 3층은 여전하고 6층도 여전할 것이다. 멀리 가도 멀리 가지 않는다는 걸 믿는 사이. 우리가 서로를 잊을 염려는 하지 않아도 좋겠다. 우리라는 이름의 유효기간을 정한다면, 서로의 현관문 손잡이에 그저 말없이 걸어두었던 수많은 비닐봉지가 분해되는 시간쯤이면 충분하지 않을까.


벚꽃 잘 받았어요


이 봄에 아픈 내가
꽃을 놓칠까봐
당신이 찍어 보내온 활짝 핀 벚꽃 영상


어린 꽃들 피어 무거운 가지 들어 올리는 저 힘
어디에서 왔나?
몇 뼘 둘레와 몇 자 키와 몇 근 무게로 측정될 벚나무 속에
두근거리는 저 기운은


벚나무 형상 속, 벚나무 형상 너머
무엇이든 될 수 있는 그 무언가
꽃으로 밀려와


아파서 다행이다

오늘은

당신과 섞였구나


활짝 핀 꽃나무 아래에서는

마음 섞이는 일이

몸 섞는 일이구나


기운을 내요


전해오는 당신의 마음

향기로운 살을 받아먹는다


응, 기운 낼게요


— 『내 따스한 유령들』, 김선우, 창비, 2021


시인에게도 벚꽃 영상을 보내 준 이가 있었나 보다. 그
녀의 통! 통! 통! 튀어오는 메시지엔 언제나 "기운을 내
요!"가 있고, 그래서 나는 매번 "풍경 잘 받았어! 고마

워!!" 라고 답장을 보냈다. 기운 없는 날에도 기운을 내야 겠다고 마음먹게 만드는 그녀라는 다정. 덕분에 오래 무사할 수 있었다. 혼자가 아니라는 말을, 당신을 걱정하고 있다는 말을, 누구보다 발랄하게 전하는. 오늘은 그녀의 생일이다. 하루빨리 집이 나가서 그녀의 근심이 봄눈처럼 녹았으면 좋겠다.

# 어떤 죽음

하늘에 가득한 달. 저녁 먹으러 갈 때 본 노을이 그사이 열나흘 달로 바뀌었다. 어두워지는 순간은 얼마나 순식간인지. 잠시도 머물지 않는 하늘의 안색처럼 누군가 떠난 빈자리도 그럴지 모른다.

어제는 남편 친구의 장례식이었다. 남편과 자주 술자리 하던 유쾌한 친구였지만, 때로 더 자주 술에 취해 울며 전화를 걸기도 했다. 웃음과 울음이 불행과 행복처럼 한 접시의 물이란 걸 그처럼 순진하게 보여주는 이도 드물었다. 사인은 심장마비로 인한 돌연사. 지인들과 떠난 낙동강 자전거 투어 첫날의 일이었다. 죽음은 세 시간에 걸친 급경사를 오르고 막 자전거에서 내려 환호하던 순간 찾아왔다.

우리는 순간을 사는 존재다. 어떻게 죽을 것인지의 문제는 결국 어떻게 살 것인지의 문제이기도 하다. 그럴 일 없겠지만 만약 죽음을 선택할 수 있다면 오랜 기다림 끝에 맞는 하얗게 탈색된 죽음은 아니길 바란다.

　　존엄사를 주장하는 이들은 한 개인이 고유한 삶뿐 아니라 죽음도 선택할 수 있어야 한다고 말한다. 나는 그 말을 이렇게 듣는다. 삶을 낭비하지 않을 것. 내일을 위해 오늘을 저축하지 않을 것. 하고 싶은 일을 더 열심히 하고, 두려움에 맞서고, 남김없이 소진하고 가는 삶이라면, 그렇게 살다 맞는 죽음이라면 얼마나 좋을까 하고.

　　슬픔에 잠긴 그의 아내와 두 아이를 생각한다. 유족에겐 외람된 말일지 모르나 그의 마지막은 찬란했다. 남루하지 않았다. 죽음은 어느 순간 찾아올지 모를 손님이었다. 도로에서, 사무실에서, 술집에서 맞는 죽음을 상상해본다. 그의 죽음은 가장 극적인 순간에, 카타르시스라고 할 만한 순간에 찾아왔다.

익스트리머 딘 포터(1972~2015년)는 인터뷰에서 "죽음 이후는 없다고 생각한다. 만일 내가 죽게 된다면 내 방식대로 죽고 싶다"라고 했다. 죽음의 양상은 헤아릴 수 없지만 부디 손꼽아 기다리지 않기를. 길모퉁이에서 오랜 친구를 만난 듯 마주치기를.

얼마 전 읽은 소설 『당신』(박범신)의 한 문장.

"내가…… 내가 죽었소? …… 죽는 순간을…… 내가 좀…… 알……았으면 좋겠는데……"

밑줄을 긋고 오래 멈춘 문장이다. 그는 그 순간을 어떻게 맞았을까? 그 순간을 알았을까?

# 좋은 일

독서 모임에서 한 사람이 "좋은 일 있나요?" 하고 회원 한 명 한 명에게 빠짐없이 물었다는 말을 들었다. 어떤 이는 박사학위를 받았다고 했고, 어떤 이는 대학원에 진학한다고 했고, 어떤 이는 늦둥이를 출산한다고 했고, 또 어떤 이는 곧 좋은 소식이 있지 않겠냐고도 했다는 말을 들었다. 이야기를 전해 듣는데 나도 모르게 좋은 일을 찾아 주머니를 뒤지는 내 모습이 그려졌다. 마치 내 차례가 돌아온 것처럼.

좋은 일. 좋은 일이란 어떤 일일까.
"내가 오늘 한 일 중 좋은 일 하나는/ 매미 한 마리가 땅바닥에 배를 뒤집은 채/ 느리게 죽어가는 것을 지켜봐 준 일/ 죽은 매미를 손에 쥐고 나무에 기대어 맴맴 울며/

잠깐 그것의 후생이 되어준 일"이라는 심보선 시인의 시 「좋은 일들」이 생각난다.

시인의 좋은 일과 저이들의 좋은 일이 서로 대척점에 있다고 말할 수는 없겠지. 그러나 저 대답들처럼 무언가 현실적인 성취와 성공이 아닌 다른 갈래의 좋은 일을 떠올릴 순 없었을까. 뜻하지 않게 내가 가진 좋은 일을 더듬다 낯모르는 이의 어떤 결핍의 언저리를 수소문한다. 그에게 무슨 일이 있었던 걸까.


올해 처음 소쩍새 소리. 나는 소풍날 기다리는 아이처럼 호들갑스레 봄을 기다렸다. 눈 감아도 떠오르는 얼굴이 있다면 그건 틀림없는 사랑이라고 했는데, 이즈음 눈 감고 누워도 온통 한 가지 생각뿐이다. 생강나무, 산수유, 매화, 개나리, 복숭아, 연이어 꽃 피우는 봄. 그러나 오직 내가 기다리는 건 잠결에도 어른거리는 쑥, 쑥이다.


가위와 접으면 호주머니에 쏙 들어가는 장바구니를 주섬주섬 챙긴 후 차에 오른다. 인적 드문 임도가 오늘의 목적지. 우연히 찾게 된 이 임도가 몇 해 전부터 나의 전용

쑥밭이다.

　바구니는 금방 여린 쑥으로 가득하고 나는 콧노래를 흥얼거린다. 이 쑥으로 만들 떡이며 국이며 튀김 등속의 음식들을 생각한다. 그리고 무엇보다 그 음식을 달게 먹어 주는 이들을 생각한다. 그들이 아니면 해마다 봄을 기다리고, 쑥을 기다리고, 쑥 캐는 일이 나만의 특별한 좋은 일이 될 수 있었을까. 그리고 그 무엇보다 아버지를 생각한다. 병환으로 달리 섬유질을 섭취할 길 없는 아버지가 어떤 음식보다 반기는 쑥. 고마운 쑥.


　큰아이가 타지에 나가 있고, 둘째까지 고등학생이 되고 나니 가족이 식탁에 둘러앉아 함께 밥 먹는 일이 드물다. 식구라는 말이 무색해졌다. 오전 여섯 시 오십 분. 아이와 함께 남편이 출근하고 나면 아이가 야간자율학습을 마치고 돌아오는 저녁 열 시까지 집에는 집과 나만 가득하다. 자연스레 저녁을 건너뛰는 날이 늘었다. 날마다 하는 청소도 애써 고집할 이유가 없어졌고, 식구들이 벗어두고 간 옷가지들만 정리하면 크게 정리할 물건도 없다. 일상이 단순해졌다. 주부에게 날마다 차릴 식탁은 주된 관심

거리이자 고민거리다. 언제쯤이면 벗어날 수 있을까 길게 푸념을 늘어놓기도 했었는데, 어느새 혼자 식탁에 앉는다. 당연히 홀가분할 줄 알았는데 근심과 함께 기쁨도 줄어든 것 같다.

주말이면 식구들이 모여 함께 밥 먹을 시간이 생긴다. 모처럼 바쁘게 움직이는 동안 밥솥에 김이 오르고 입가엔 미소가 모락모락 핀다. 내가 차린 밥상 앞에 앉아 바쁘게 수저 오가는 장면을 보는 것이 지금은 무엇보다 가장 좋은 일이다. 가족을 위해 스스로 수고한다고 생각했는데, 그동안 나를 지탱해 준 것은 여기 둘러앉은 사람들이었다. 음식을 만드는 즐거움도 나의 즐거움이요, 맛있게 먹는 모습을 보는 것도 내 즐거움이었다. 내 즐거움을 위해 그들이 함께 있어준 공을 한 번도 생각해 보지 않았다. 돌보아야 할 가족이 있어 혼자 있는 시간이 소중했고, 얽매임이 있어 자유가 눈부셨다. 먹고 마시기 위해서가 아니라 살아가기 위해 먹고 마시는 일이 귀하듯, 일을 하는 즐거움도 누군가와 함께하기 때문이리라. 밥벌이의 지겨움에 대해 더 이상 말할 필요야 없겠지만 함께하는 이들이 있어 우리는 밥벌이의 남루를 면할 수 있다 할 것이다.

접시를 말끔히 비우는 식구들을 흐뭇하게 바라본다. '좋은 일'을 수소문하던 사람에게도 너무 멀리는 아니게 좋은 일이 왔으면 좋겠다. 일기에 '오늘의 좋은 일'이라고 쓴다. 그 아래 '봄이라서, 쑥 캘 일이 있어서, 밥상을 차릴 수 있어서 좋다'라고 쓴다.

# 때를 밀다

목욕탕 앞에서 문 열리기를 기다린다. 뜨거운 물과 서늘한 공기가 이루는 대비가 좋아 가능하면 이른 시간에 목욕탕에 온다. 목욕탕에 불이 켜지고 목욕 바구니를 든 사람들이 하나둘 골목에서 나와 목욕탕으로 향한다.

여름의 때는 가볍다. 쉽게 밀리고 금방 뽀드득 소리가 난다. 혼자 가는 목욕탕이라 등 밀기는 애초에 기대하지 않는데, 한 사람이 급한 몸짓으로 다가와 대뜸 때밀이 수건을 내민다. 얼결에 낯선 등과 마주한다. 때가 많을 거라고. 기름때라서 그렇다고. 하루 종일 튀김 하는 몸이라 기름때가 절어서라고. 엎드린 그녀가 겸연쩍은 어투로 말했다.

누구에게나 자신만의 냄새가 있다. 생선 장수는 비린내를 달고 살고, 화장품 판매원은 화장품 냄새를 풍기겠지만, 어떤 일이든 몸에 냄새가 배고 때가 전다는 건 그만큼 자기 앞의 삶을 성실히 살고 있다는 말로 들린다. 기름때가 절도록 불 앞에 섰다고 말하는 당당한 그녀의 등을 민다. 꼬물꼬물 기름으로 아로새긴 그녀의 성실한 일상이 밀린다.

언젠가 도서관에서 강원도 홍천 '물걸리 절터 불대좌'에 새겨진 불상을 만난 적 있다. 손바닥보다 크지 않은 불상은 면벽하고 앉은 선방의 승려처럼 돌아앉아 있었다. 정면이 아닌 내면을 바라보는 그 모습이 어떤 법문보다 크고 묵직하게 다가왔다. 이른 아침 목욕탕에 와 때를 밀면서 나는 종종 이 불상을 생각하곤 한다. 밖을 닦지만, 밖이 아닌 내면의 때를 닦는다는 생각만으로도 왠지 뿌듯해했었는데⋯⋯. 그렇다면 지금 나는 어떤 때를 밀고 있을까.

다시 기름 솥 앞으로 가야 한다며 서둘러 자리로 돌아갔던 그녀가 다음번에 만나지면 다시 등을 밀자며 요구르트 하나를 내민다. 목욕탕에서 애프터 신청을 받기는 또 처음이라 어어 하는 사이 탕 밖으로 성큼성큼 나서는 그녀. 우리가 다시 만나는 목욕탕의 아침을 상상한다. 그날의 우리는 어떤 때를 밀게 될까.

# 엘리베이터를 나서며

외출하려고 현관문 열고 나가는데 막 닫히려는 엘리베이터 안, J 엄마와 눈이 딱 마주쳤다. 닫히려다 못내 다시 열리는 문. "언니······. 안 마주치려고 했는데······" 얼굴 붉히며 눌러쓴 모자 한 번 더 푹 눌러쓴다.

며칠 전 퇴근해 집에 와보니 이웃에 사는 초등학교 2학년 J가 눈물 가득한 눈으로 남편과 텔레비전을 보고 있었다. 아이가 닫힌 문 앞에 서서 울고 있길래 일단 우리 집에 들어가 부모님을 기다리자고 했단다.

아이에게 전해 들은 전후 사정은 이렇다. 현관문이 열리지 않으며, 그러나 엄마는 집에 있다는 것. 이유인즉 엄마가 화가 나서라는 것. 원인은 자기가 약속한 설거지를 하지 않아서라는 것. 정리하자면 집에서 쫓겨났는데 이제 어디로 가야 좋을지 모르겠다는 것.

아이들 어릴 때가 떠올랐다. 첫째는 야단 듣고 문밖으로 쫓겨나면 현관문에 매달려 눈물로 읍소했고, 둘째는 집을 나가라는 아빠 말에 가방을 싸달라고 당당하게 요구했다. 할머니 집까지 혼자 갈 수 있다고 했다. 제 딴엔 다 계획이 있었던 모양이다.

J 엄마와 통화하는 것으로 몇 시간만의 눈물 바람은 아이의 상상력이 빚은 귀여운 소동으로 끝이 났다. 덕분에 우리 집은 아이들의 어린 시절을 소환해 유쾌하게 웃을 수 있었는데, 그날 이후 J 엄마는 나와의 마주침을 애써 피하고 있었다니······.

엘리베이터를 타고 내려가는 동안 곰곰 생각한다. 공동주택에 사는 동안은 완벽한 사생활 보호를 기대할 수 없고, 하마터면 '나쁜 엄마'가 될 뻔했으니, 이웃에게 어떻게 비칠까 노심초사했을 그녀의 마음이 만져졌다.

고백하자면, 나도 아이들 야단칠 때 벌컥 쏟아지는 와

중에도 잊지 않고 꼭 베란다 문부터 닫은 적 있다. 돌이켜 보니 맨얼굴을 들키지 않으려는 무의식적 방어였다. 모자를 눌러쓴 귀여운 J 엄마의 뒷모습은 바로 내 모습이기도 하다.

장 폴 사르트르는 희곡 『닫힌 방』에서 "그러니까 이런 게 지옥인 거군. 정말 이럴 줄을 몰랐는데⋯⋯ 당신들도 생각나지, 유황불, 장작불, 석쇠⋯⋯ 아! 정말 웃기는군. 석쇠도 필요 없어, 지옥은 바로 타인들이야"라는 유명한 문장을 남겼다. 그러나 이 문장은 타인은 지옥이니 되도록 멀리하라는 이차원적인 말이 아니다. 오히려 인간의 자유의지와 타인의 시선이 우리의 실존에 어떤 영향을 끼치는지 잘 보여주는 말이라고 생각한다. 사르트르는 언젠가 인터뷰에서 "타인은 우리에게 지옥이지만 우리 자신을 이해하는 데 분명한 역할을 한다"며 타인과의 관계를 외면하지 않고, 그 속에서 자신의 존재를 찾아야 한다고 주장했다.

엘리베이터 안. 거울에 뒤통수를 비춰보며 앞에서 보이

지 않는 뒷머리를 매만지듯 이웃의 모습을 통해 오늘의 나를 살핀다. 타인은 지옥이자 희망이며 나의 이면을 비춰주는 고마운 거울이다.

엘리베이터를 나서며 드는 또 다른 생각 하나. 낯선 사람과 눈 마주치는 걸 유난히 어려워하는 우리 아이들, 어쩌면 내가 닫은 문 안에서 아이들은 감정에 솔직하기보다 먼저 감추는 걸 배운 건 아니었을까…….

# 사람이 사람에게 이르는

'친·사·동'이라는 말을 들었다. 풀어쓰면 '친구 사는 동네 방문하기'라고 했다. 서로 물길이 갈라지듯 뿔뿔이 흩어져 살고 있는 오랜 친구들. 그들이 그리움을 좇아 멀리 있는 이들에게 이른다는 말이라고 했다.

객지를 잠시 떠돈 적 있는 나는, 가끔 그렇게 나를 찾아준 친구들을 맞은 적 있다. 와자지껄 몰려온 친구들이 밀어낸 외로움은 다른 외로움으로 되돌아왔지만, 그들이 남기고 간 자리를 정리하면서 객지에서의 외로움을 견뎌냈다. 그때처럼 누군가 찾아온다는 저 말은 언제 들어도 참 좋다. "사람이 온다는 건/ 실은 어마어마한 일이다"(정현종, 「방문객」)라는 말을 떠올리며, 흉내랍시고 새로 사무실을 옮긴 친구를 찾아갔다.

햇빛 드는 창 쪽 바닥으로 작은 화분들이 놓여 있다. 마치 기다란 직사각의 온실 같다. 화초에 관심이 많은 그녀가 오늘 옮겨 심은 화분이라고 했다. 그녀의 얼굴도 새로 심은 화초처럼 생기 있다. 화분 옆에 쪼그려 앉아 가만히 쓰다듬는다. 키 낮은 화분들이 그녀를 닮았다. 새끼손가락 크기의 다육이들. 이름표를 보니 '신도'라고 적혀 있다. '신도'는 어쩐지 신도시를 연상시키지만, '신'으로 읽히기도 하고 더불어 '혼돈'이라 읽히기도 했다. 혼돈 속에 질서가 있다고 했던가, 깊이를 헤아릴 수 없이 맑고 투명한 얼굴이다. 누군가를 너무 깊이 봐버리면 두 번 다시 돌아설 수 없다는 말이 생각났다. 때때로 한 번에 너무 깊이 봐버린 일을, 보고 나서야 알게 될 때가 있다.

새로 심은 화초들은 다 어딘가 다른 곳에 심겨 있던 것들이라고 했다. 시들한 오래된 화분에서 옮겨 오기도 하고, 이웃 사무실 화분에서 떼 온 녀석도 있다고 했다. 옮겨 왔다는 말이 이사했다는 말로 들렸다. 그녀도 화초도 여기가 객지라는 말로 들렸다. 생각해 보면 객지 아닌 곳이 어디 있을까. 생각해 보면 우리 모두 옮겨 심긴 것들

아닌가.

　친구의 얼굴과 '신도'를 번갈아 바라본다. 화초를 옮겨 심는 일이 여기 와 잘 지내기를, 잘 살아내기를 기원하는 그녀만의 특별한 제의 같다. 문득 『마지막 잎새』(오 헨리)의 '존시'가 겹쳐진다. 병석에 누운 '존시'가 마지막 남은 담쟁이덩굴잎을 보면서 남은 날을 헤아리던 것과는 상반된 선택이다. 새로 심은 화초가 자리를 잡고 튼실하게 자라나듯 그녀 스스로 여기에서 강건하게 뿌리내리려는 적극적인 기원으로 들린다. 나도 모르게 두 손을 모았다. 그녀와 화초를 번갈아 바라본다. 그들처럼 나도 생기가 돈다.

　그녀의 삶은 순탄치 않았고, 여전히 화의 수위가 경계에 다다를 때가 있지만, 지금, 지금과 같다면, 운명의 강물에 던져져 허우적거리더라도 너무 멀리 휩쓸려 가버리지는 않을 것 같다. 느려서 애가 타고, 어리석게 재촉하는 말을 거듭하기도 했지만, 언젠가 저 강을 무사히 건너고 있을 그녀 옆에서 내 몫의 밀물에 젖지 않으려고 바짓

단을 둥둥 걷어 올린 내 모습도 그려진다.

팥시루떡을 나누어 먹듯 팥칼국수 한 그릇 먹고 오는 것으로 오늘의 '친·사·동 흉내 내기'가 끝이 났다. 누군가를 흉내 낸다는 건 창의적이지 못하지만, 창의적인 인간이 되기에는 애초에 싹수가 노란 나로서는, 때로 좋은 일은 무조건 열심히 따라 해보는 거라고 어물쩍 큰소리쳐 본다. 그 또한 사람이 사람에게 이르는 길이라나 뭐라나.

# 엄마와 문예 창작반

시를 쓰는 엄마가 있다. 엄마는 그동안 쓴 습작들로 시집을 묶을 예정이다. 1년 전부터 참여하고 있는 문학회의 공동 문집이지만 오래 고민하고 고민하다 고민을 더 이상 견딜 수 없어 이게 마지막이겠거니 혹은 시작이겠거니, 지우개 가루를 뭉쳐 지우개를 만드는 심정으로 결심했다.

문집에는 시와 함께 가까운 이가 쓴 응원의 글을 싣기로 했는데, 엄마는 중학교 국어 교사인 아들을 생각했다. 든든했다. 무엇보다 시를 쓸 때마다 아들아, 엄마가 이런 시를 썼단다, 보여준 이력이 있어서다. 엄마는 아무 걱정이 없었다. 누구보다 나를 잘 이해할 거라 기대했다. 더욱이 문학을 전공한 아들이 아닌가.

엄마는 용감했다. 아들아, 엄마가 문집을 내는데 네가 글을 한 편 써주겠니? 역시나 국문과 출신답게 아들은 곧장 글을 쓰기 시작했다. 완성된 메일이 도착하기까지 채 하루도 걸리지 않았다. 헉! 역시 전공자는 다르군. 그런데 그렇게 빨리? 그렇게 쉽게? '그렇게'가 말줄임표처럼 이어졌지만, 다른 일들 제쳐두고 엄마의 부탁을 우선 들어주었겠거니 생각하니 미안하고 고마웠다. 메일을 확인하기까지는.

설레는 마음을 안고 메일을 열었다. 갑자기 물을 마시다 체한 것처럼 손끝이 차가워졌다. 메일을 닫고 책상에서 일어나 동네를 한 바퀴 돌았다. 지금이라도 그만둔다고 할까? 문집이 다 뭐야……. 내가 무슨 용기로? 무슨 짓을 벌인 걸까? 집에 돌아온 엄마는 먼지를 털어내듯 후회를 털고 아들의 메일을 여러 번 찬찬히 다시 읽었다.

아들의 글은 '시란 무엇인가'에 대한 국어 수업 같았다. 잘못되진 않았지만 허전하고 왠지 흡족하지 않다. 엄마는 자신이 원하는 글에 대해 아들에게 분명하게 설명하지 못한 것은 아닌가 생각했다. 그렇다면 어떻게 말해야 했을까? 생각을 거듭할수록 엄마는 자신이 어떤 글을 기대하고 있었는지 모르고 있었다는 생각을 떨칠 수 없었다. 마치 자신이 쓰는 시처럼.

뒤늦게 지자체에서 후원하는 문예 창작 강의를 듣게 되었다. 친구 따라 강남도 간다기에 따라가서 처음으로 시인을 만났고 시를 만났다. 늘 뭔가 뒤늦게 시작하는 게 엄마의 방식인지라 문예 창작 강의를 들을 땐 시와 저만치 떨어져서 듣기만 했다. 시는 같이 천변을 걸어도 불편하고 어색해서 자연스레 팔짱 끼고 걷지는 못했는데, 막상 강의가 끝나고 동료들과 스터디를 함께 하면서 그제야 시에 대해 매력을 느끼기 시작했다. 시를 공부하는 시간도 즐거웠고 함께 읽는 책에도 밑줄이 가득했다. 그렇게 시가 다가왔다.

숙제로 쓴 시를 종종 두 아들과 남편에게 보여주었다. 스스로 기특하고 흐뭇해서 누구에게라도 보여주고 싶었다. 어때? 어때요? 화살나무 새잎처럼 보드랍고 발그레

한 첫 시였다. 그래도 엄마는 행복했다. 나의 햇순 같은 행복을 남편과 아들들이 알아줬으면 했다. 엄마의 문학 서사는 그렇게 시나브로 이어져 오늘에 이르렀다. 그사이 아들은 대학을 졸업하고 결혼을 하고 시를 쓰는 엄마는 시어머니가 되었다. 띄엄띄엄 시를 썼다. 시간이 가면 저절로 해결되는 일들도 있다지만 시는 시간이 가도 늘지는 않았다. 그러나 시는 어느새 엄마의 일상에 햇귀처럼 들어와 있었다.

엄마는 시를 발견하곤 하던 하루하루를 기억했다. 말할 곳이 없어 시를 쓰기 시작했다던 글벗도 있지만, 엄마가 밤새 쓴 시를 부끄럽게 읽어주면 때때로 타박하곤 하던 가족들이 아니었다면 엄마가 이제껏 시를 놓지 않을 수 있었을까. 엄마는 새삼 아들이 고마웠다. 엄마의 부탁에 망설임 없이 쓰겠다고, 하겠다고 말한 아들이었다. 엄마는 시를 쓰면서 누구보다 남편과 아들들에게 이해받고 싶었다. 시란 무엇인가 하는 질문보다는, 그동안 말로 표현하지 못하고 묻어둔 지난 시간의 묵은 감정들까지를 시를 통해 다 이야기하고 공감받고 싶었다. 그래서 시를 읽었고, 시를 썼다.

엄마도 언젠가 자신의 엄마에 대해 짧은 수필을 쓰려고 몇 날 며칠 전전긍긍한 적이 있었다. 글을 쓰기도 전에 눈물 바람부터 앞세웠던 기억이 났다. 누구에게라도 엄마에 대해 쓴다는 건 곧 자기 자신에 대해 말하는 것일 텐데. 다시 아들의 글을 읽는다. 시란 무엇인가에 대한 짧은 글. 엄마를 객관화하려는 아들의 마음을 읽는다. 다 말할 수 없어서 겹으로 꼭꼭 숨겨둔 마음. 문예 창작반에 열심인 엄마를 자랑스러워하는 마음을 읽는다. 스스로 닫힌 마음의 문을 열고 자신을 표현하고 위로하는 엄마에 대한 힘찬 응원을 읽는다.

엄마는 자신도 모르게 시를 쓰는 엄마에 대해, 엄마의 결핍에 대해, 엄마의 삶에 대해 아들이 이해하기를 기대했다는 것을 뒤늦게 알아차렸다. 생각해 보면 나도 모르는 나를 아들이 이해하고 알아주기를 바라는 순정한 바람이었을 것이다. 아마도 엄마는 시를 통해 스스로 질문하는 법을 배우고 있는지도 모른다. 무엇보다 나에 대하여.

그리고 처음으로 돌아가 엄마는 스스로 묻는다. 나에게
시란 무엇인가?

# 책상을 사이에 두고

나는 일주일에 두 번 초등학교 아이들과 수학 수업을 한다. 5학년이지만 연필 잡기가 서툰 아이도 있고, 왼손으로 글씨를 쓰는데 오른손으로 50년을 쓴 나보다 빠르고 힘 있게 잘 쓰는 아이도 있다.

열두 살 H는 공부도 열심히 하지만 일주일에 두 번 가는 태권도 수업을 무엇과도 바꾸고 싶어 하지 않는 열혈 태권 소녀다. 하루는 숙제 검사를 하면서 크리스마스 선물 이야기를 했다.

‒ 그런데 말이야, 왜 어른들은 선물을 못 받을까? 이건 좀 불공평하지 않니?

‒ 그렇긴 해요.

‒ 어떻게 하면 어른도 선물을 받을 수 있을까?

― 음⋯⋯. 어린이의 마음을 가지면요!

― 오⋯⋯! 어린이의 마음을 가진다는 건 어떤 거야?

― 그야 뭐, 놀 땐 놀고, 학원 갈 땐 학원 가고. 뭐 그러면 되는데 어른들은 밥 먹다가도 코로나 걱정하고⋯⋯. 아빠는 밥 먹을 때도 한 귀로 듣고 다른 귀로 흘리는 것 같아요.

동그라미를 그리던 빨간 색연필이 멈칫했다. 어린이의 마음이라니⋯⋯. 니체는 『차라투스트라는 이렇게 말했다』에서 인간의 정신과 육체가 참된 자기로 통합되는 최후의 단계가 '어린아이의 정신'이라고 했는데, 귀가 번쩍 뜨였다.

수학 수업 끝나면 재빨리 가려고 미리 태권도복으로 갈아입고 머리카락 한 올 흘러나오지 않도록 꽁지머리를 챙챙 묶은 H의 모습을 새삼스레 바라본다. 한 번에 한 가지 일을 하면 된다는 말을 지우개 던지듯 아무렇지 않게 툭 던지고는, 무림의 고수답게 언제 그랬냐는 듯 분수의 덧셈과 뺄셈 문제와 씨름하고 있다.

어른은 아이들을 가르쳐야 하는 존재로만 볼 때가 많지

만 나는 아이들 앞에서 자주 머리 조아리고 가르침을 받는다. 부끄러울 때가 많지만, 아이들에게 늘 하는 말처럼 배우는 건 언제든 좋은 일이니까.

책상을 사이에 두고, "새가 앉으면, 새가 앉은 나무가 되고, 바람이 불면 바람 부는 나무가"(김용택, 「새가 앉은 나무」) 되는 천진무구한 아이들의 세계에 귀 기울이면, 나무늘보보다 더디게 성장하는 나도 '어린아이의 정신'에 한 발 더 가까이 다가갈 수 있지 않을까.

크리스마스 선물로 시작한 또 다른 이야기,

— 동생은 철없이 자꾸 울어요. 엉엉 소리 내서 울어요. 정말 눈치가 없다니까요. 그러면 엄마 아빠가 얼마나 슬프겠어요.
— 학교에 가서도 생각이 나고, 수학 문제를 풀다가도 생각이 나서 저녁에 머리를 세 번 감았어요. 그런데도 자고 나면 머리가 떡 져 있어요…….
— 이제 곧 초등학교 졸업이니까, 실은 엄마한테 크리스

마스 선물을 좀 큰 걸로 해달라고 하려고 했거든요. 그런데 졸업 선물도 크리스마스 선물도 설날 선물도 다 안 받아도 되니까 제발 이혼 안 하는 걸 선물로 받고 싶어요!

K의 이야기들. 책상 위에는 수학 문제지가 있고 연습장이 있고 코를 푼 휴지를 만지작거리는 손이 있다. 나는 책상을 사이에 두고, 숙제를 안 했다고 야단하고, 급식에 뭐가 나왔는지 물어보고, 학원에서 무슨 일이 있었는지 듣는다. 수학 문제를 풀다가 틈틈이 울어서 따끔거리는 눈에 인공눈물을 나누어 넣고 마주 보며 킥킥 웃다가, 그래도 공부는 중요한 거라고 슬픔이 끼어들 틈이 없도록 빼곡하게 숙제를 내고 온다.

K의 가족은 엄청난 지각 변동을 겪고 있다. 부모도 아이들도 속수무책의 시간. 나는 늘 그랬던 것처럼 책상을 사이에 두고 앉아 살얼음 위를 걷는 마음을 들키지 않으려고 유쾌해진다. 그것만이 유일하게 내가 할 수 있는 일이기 때문이다.

나는 크리스마스 선물이 꼭 필요하다. 하느님, 예수님,

세상 모든 신들의 **빽**을 빌려서라도 마주 앉은 아이가 원하는 크리스마스 선물을 받게 해주고 싶은데……. 내게 어린아이의 마음이 있다면 정말 가능할까?

# 선선한 최선

모처럼 카페에 왔다. 주문한 커피를 들고 오는 소리가 들렸는데, 당황한 사장님의 목소리가 먼저 왔다.

"라떼를 쏟았어요" 그러고 보니 찻잔 아래 커피와 거품이 살짝 흘러내렸다. "제가 잠깐 밖에 눈길을 뺏겨서……" 사장님이 황급히 냅킨을 가져와 흘러내린 커피를 닦으며 연신 미안해하신다.

솔직히 뭐 그쯤이야, 나에게는 하등의 문제가 되지 않는다. 커피가 조금 흘렀기로서니 무슨 큰 문제가 될 일이 아니라고, 괜찮다고, 정말 괜찮다고, 맛있게 먹겠다고 말씀드렸다. 찻잔 아래 냅킨을 깔고, 함께 나온 따끈한 빵과 커피를 한 모금 맛있게(음~~ 역시 맛있다) 마시며 행복해하는데, 이게 무슨 일? 사장님이 다시 커피를 들고 오시는 게 아닌가!

"망가진 하트는 하트가 아니에요!"라는 단호한 말과 함께 조금 전까지 맛있게 먹고 있던 커피를 냉큼 가져가 버렸다.

뭐랄까, 이건 먹으면 안 돼(지지)!

살금살금 기어다니며 놀던 아이가 방바닥에 떨어진 어제 먹다 남은 뻥튀기 조각을 발견하고 맛있게 오물거리는 걸 발견한 엄마가, 전광석화처럼 달려가 과자를 빼앗고 (물론 입으로 들어간 조각까지 뱉게 하고) 새 뻥튀기를 손에 쥐여주는 것 같은 기분이랄까.

아, 이건 뭔가 아닌데! 저, 저, 저 그냥 주시면 안 되나요? 멀어져 가는 사장님의 등을 보며 물고기의 화법으로 말했다. 내가 마시던 라떼는 여지없이 개수대로 쏟아버리겠지? 서운하고 안타깝고 설명하기 묘한 기분이다.

라떼는 찻잔에 찰랑찰랑 넘을 듯 넘을 듯 넘치지 않는 게 매력이긴 하다. 살짝 쏟아지긴 해도 거품도, 하트도, 커피도 그대로였는데……. 새로 커피를 내온 사장님의 깐깐한 성의는 분명 고마운 거고, 손님에 대한 최고의 예우인데 나는 그게 영 불편하다.

아파서 다행이다

언젠가 아이가 어릴 때, 자전거를 잃어버린 적 있다. 공원에서 친구들과 뛰어노느라 잠그는 걸 깜빡한 모양이다. 집에 돌아온 아이는 자전거를 잃어버렸다며 대성통곡을 했다. 하도 울어서 야단치지도 못하고 새로 사면 된다고 달래게 되었는데, 울음을 그친 아이가 했던 말이 생각난다. "이제 자전거는 안 살 거예요. 새 자전거는 잃어버린 자전거가 아니잖아요!"

새로 온 커피는 같은 사람이 내린 커피지만 처음 커피와 뭔가 다른 맛이다. 마치 새 자전거처럼. 같은 사람이 내린 커피이니 맛이 다를 일은 아니겠지만, 무언가 확연하게 다르다. 아마도 불편해하는 내 마음의 반영이었을 것이다.

평소 카페 운영자로서 카페를 쾌적하게 관리하고, 자신이 내는 커피와 음료에 대한 자긍심이 상당한 사장님인 줄 알고 있었지만 어쩐지 조금 쓸쓸한 기분이다. 세심한 서비스와 최선의 자세는 매번 존경스러워도 오늘의 새 라떼는 아무래도 나의 정서로는 지나치다 싶다. 지구의 자전축이 23.5도 기울어진 것이 지구에게 축복이듯 일상에서도 너무 곧고 너무 반듯한 것은 무언가 도를 넘는 강박으로 보이기도 한다. 내게 왔다가 나를 스쳐 지나간 한 잔의 라떼를 통해 삶에 대처하는 자세로서의 선선한 최선에 대해 생각하는 오후다.

# 집에는 바람이 안 불다?

오전 열 시. 카페에 갈 시간이다. 누굴 만나기 위해서가 아니라 혼자 있기 위해 나는 카페로 간다. 지인인 K는 며칠 카페에 가서 혼자 시간을 보내고 왔더니, 편안한 집 놔두고 카페에 가서 뭐 하냐는 남편의 지청구를 들었다고 했다. 날마다 도서관에 간다는 것과 카페에 간다는 것은 좀 다르게 들린다. 물론 때로는 텅 빈 집 놔두고 도서관에는 왜 가나? 하고 묻는 이도 있다지만……. 저 말에도 일리가 있다. 집이 온전한 휴식의 공간이라면 그럴 수 있다. 코로나19라는 상황을 고려하면 더더욱 그렇다. 현재로선 집이 가장 안전한 피난처니까.

그럼에도 불구하고 그 피난처를 피난처답게 유지하는 주부에게 집은 종종 잔업이 끊이지 않는 일터가 된다.

책을 읽으려고 앉으면 싱크대 위 얼룩을 닦아야 할 것 같고, 방바닥이 갑자기 끈적거리는 것 같기도 하고, 빨랫줄에 걸린 셔츠는 언제 다림질할까. 저녁으로는 뭘 하나, 따위의 목록이 줄줄이 떠오르기 때문이다. 물론 다 잊고 방으로 들어가는 방법도 있다. 그런데 방으로 들어가 잠깐 책을 읽다 보면 가족 중 누가 부르거나 뭔가를 찾아야 할 상황이 와서 문을 열고 들락거리면 혼자의 시간은 어딘가로 달아나고 금방 피로가 몰려오곤 한다. 엄마에게도 퇴근이 있었으면 좋겠다.

코로나19로 아이들이 돌아와 집은 학교가 되고 기숙사가 되었다. 차려야 할 밥상도, 해야 할 빨래도 만만찮다. 그런 와중에 내가 아팠다. 엄마가 아프면 집은 피난처가 못 된다. 내가 아픈 동안 큰아이는 주부습진에 걸렸고, 둘째는 엄마에게 침대를 내주고 거실 생활자가 되었다. 날마다 휴대전화 보듯 엄마를 들여다보며 괜찮은지, 뭘 도와야 할지 내내 묻고 살피며 노심초사했다. 이 아이들이 없었다면 어떻게 지냈을까……. 고맙고 미안해서 나는 가능하면 혼자 있고 싶었다. 나만 생각할 수 없어서 혼자 있고 싶었다.

K의 이야기를 듣고 누군가 내게 날마다 카페에 가는 이유를 묻는다면 뭐라고 할까 궁리하다가 안상학 시인의 「아배 생각」이 떠올랐다. 정확히는 "왜, 집에는 바람이 안 불다?"가 생각났다.

아배 생각

뻔질나게 돌아다니며
외박을 밥 먹듯 하던 젊은 날
어쩌다 집에 가면
씻어도 씻어도 가시지 않는 아배 발고랑내 나는 밥상머리에 앉아
저녁을 먹는 중에도 아배는 아무렇지 않다는 듯
- 니, 오늘 외박하냐?
- 아뇨, 올은 집에서 잘 건데요.
- 그케, 니가 집에서 자는 게 외박 아이라?

집을 자주 비우던 내가

어느 노을 좋은 저녁에 또 집을 나서자

퇴근길에 마주친 아배는

자전거를 한 발로 받쳐 선 채 짐짓 아무렇지도 않다는 듯

– 야야, 어디 가노?

– 예……, 바람 좀 쐬려고요.

– 왜, 집에는 바람이 안 불다?


　그런 아배도 오래 전에 집을 나서 저기 가신 뒤로는 감감
무소식이다.


– 『아배 생각』, 안상학, 애지, 2008


　이 시는 글이 아니라 입으로 소리 내어 읽어야 제맛이
다. 안동 토박이말로 "그케, 니가 집에서 자는 게 외박 아
이라?"는 절로 웃음이 나온다. "왜, 집에는 바람이 안 불
다?"라고 말하는 시인의 아버지. 무심한 듯 능청스레 건
네는 대답이 압권이다. 킥킥 웃다가, 한 방 정통으로 맞
은 것 같다가, 마지막 연을 읽고 나면 눈물이 핑 돈다.

누군가 카페에 가는 이유를 묻는다면 시를 흉내 내어 '집에는 바람이 안 불어서!'라고 말해야겠다. 집에서는 혼자가 되기 어렵다. 엄밀히 말해 우리는 혼자 있어도 혼자가 되지는 않는다. 그럴 수는 없다. 우리는 언제나 혼자가 아니다. 그래서 더더욱 물리적으로라도 혼자를 누리고 싶다.

집에는 바람이 안 분다고 했지만, 실은 집에는 바람 끊일 날이 없다. 그 바람, 그 바람을 더 잘 맞으려고 나는 혼자가 된다. 혼자 앉는 시간, 혼자 마주하는 시간, 혼자 어떻게든 혼자를 이루려는 버팀에는 가족들에게 그늘을 드리우지 않으려는 애씀의 마음이 있다. 우리는 어쩌면 집을 이루기 위해 카페로 산으로 바다로 나가는지도 모르겠다. 이 모두가 지금 여기를 새롭게 하려는 보이지 않는 애씀이라고 말하고 싶다. 나는 날마다 카페에 간다. 혼자가 되어서 너덜너덜한 마음을 살피고, 탁탁 털어 비우고 나서 다시 채울 공간을 만든다. 내가 비운 공간으로 다시 누군가 들어오길 기다린다.

3.

아파서 다행이다

# 따뜻한 물 한 방울

―

21일째. 새벽부터 스무 개의 알이 하나둘씩 알을 깨기 시작했다. 부화기 옆에 엎드려 눈을 크게 뜨고 들여다보면 알 표면에 삼각형 모양의 금이 간 흔적이 보인다. 병아리가 알을 깨고 나올 준비를 마치고 부리로 쫀 자국이다. 삐악삐악 병아리 소리가 들리면 금방이라도 나올 것 같지만 병아리는 한 번에 짠! 하고 알을 깨고 나오지는 않는다. 단번에 깨는 경우는 드물고, 보통은 알을 깨기 시작한 후 한나절쯤 걸리는데, 어떤 알은 이틀에 걸쳐 힘겹게 깨기도 한다. 병아리는 온 힘을 다해 알을 쪼고 쉬기를 반복하는데 알껍데기 둘레를 띠처럼 돌아가며 깨고는 마치 잠수함 뚜껑을 열듯 알껍데기를 열고 나온다.

그런데 뭔가 이상하다. 알을 깨고 나오던 병아리 한 마리가 알을 다 깨고도 뚜껑을 밀어 올리지 못했다. 늦어도 너무 늦어 불길했다. 때마침 집에 혼자 있어서 하는 수 없이 부화기를 열고 알을 꺼냈다. 약하게 병아리 울음소리가 들렸다. 손으로 알을 쥐고 밖에서 껍질을 벗겨보려는데, 속껍질이 병아리의 몸에 아교처럼 붙어 떨어지지 않았다. 알을 깨는 데 너무 오랜 시간이 걸려 병아리는 기운이 빠지고 충분한 습도가 유지되지 못해 속껍질이 병아리의 몸에 말라 붙어버린 것이다. 후다닥 화장실로 달려가 따뜻한 물을 받아왔다. 말라붙은 병아리의 몸에 따뜻한 물을 적셔주었다. 때를 놓친 건 아닐까, 손이 부들부들 떨렸다. 다행히 말라붙어 옴짝달싹 않던 속껍질이 조금씩 병아리의 몸에서 떨어졌다. 부화기의 온도를 높이고 기진맥진 축축하게 젖은 병아리를 넣어주었다. 털이 마르는 동안 한시도 눈을 뗄 수 없었다. 입술이 바짝바짝 탔다.

출산 직후 의사는 아이의 두 발이 기형이라고 했다. 유전일 확률도 있지만 태중에 있을 때 잘못된 자세가 굳어져 기형이 되었을 거라고 했다. 자궁을 빠져나온 아이는 탯줄을 자르고 분만실에서 곧장 소아병동으로 옮겨졌다.

나는 출산의 기쁨도 산후의 통증도 느끼지 못했다. 눈앞이 캄캄했다.

부화기 안에서 오들오들 떨고 있는 병아리와 내 아이가 겹친다. 아이가 저런 모습으로 혼자 두 다리에 석고 깁스를 할 동안 나는 어디에 있었을까. 어떻게 이런 일이 겹치나. 속껍질이 달라붙어 발 하나가 굳어 있던 병아리. 영영 못 펴는 건 아닐까. 못 걷고 생존경쟁에 밀려 무리에서 쫓겨나면 어쩌나……. 이런 오버랩은 상상도 하고 싶지 않았다. 기억은 화살보다 빠르게 돌아오고, 부화를 제안한 남편이 원망스러웠다.

병아리가 알을 깨고 나오는 것은 단 한 번이지만, 우리가 알을 깨고 나오는 경험은 평생에 걸쳐 일어난다. 나는 첫아이를 낳고 엄마라는 이름을 얻었으나 두 아이를 양육하는 과정을 통해 드디어 엄마가 되었다. 아이의 무릎이 자주 아프다. 종종 발을 삐끗하고 연관통을 앓는다. 출산의 충격은 쉽게 자책으로 이어졌지만 아이는 말한다. "엄마, 엄마 탓이 아니에요!"

며칠이 지났다. 스무 개의 알 중에서 열여덟 개의 알이 부화에 성공했다. 비틀거리던 병아리도 몇 차례 따뜻하게 발을 마사지해 준 덕분인지 한결 비틀거림이 줄었다. 그제야 안도의 숨을 내쉬었다.

지금도 잊히지 않는다. 알을 다 깨고도 밖으로 나오지 못하는 병아리에게 따뜻한 물을 적셔주고 핀셋으로 속껍질을 벗겨낼 때의 떨림을. 손에 느껴지던 꼬물거림, 따뜻한 온기와 두려움. 조금만 늦었다면 병아리는 제대로 살지 못했을 것이다. 병아리가 알을 깨고 나오는 것처럼 우리가 우리를 깨고 나오는 것이라면, 우리에게도 따뜻한 물이 필요한 순간이 있을 것이다. 그런 순간 누군가 때맞춰 따뜻한 물 한 방울과 같은 관심을 가진다면 살아갈 힘을 낼 수 있지 않을까. 결국엔 스스로 힘이 있어야겠지만, 목마른 어떤 이에겐 다만 한 방울의 물이 생명일 수도 있다는 점을 잊지 않으려고 한다.

# 사진에 관하여

할 일 없이 이것저것 뒤적이는데 오래된 수첩에서 사진 한 장이 떨어졌다. 오른쪽에서부터 빛이 들어오는 사진에는 유치원에 다니는 큰아이와 돌 지난 작은아이 그리고 기미가 가맣게 앉은 내가 각자 다른 곳에 시선을 주고 있다. 앨범에 들어 있지 않고 수첩에 끼워져 있었다는 건 뭔가 자주 들여다봤다는 증표일 텐데, 특별히 기억에 남는 일은 떠오르지 않는다.

사진을 들고 벽에 기대앉는다. 그제야 기억났다. 어느 날 이 사진을 보면서 내가 한참을 소리죽여 울었다는 것을. 그 뒤부터 사진을 수첩에 따로 보관하고 자주 들여다보았다는 것을. 오로지 큰아이의 미소 때문이다. 오롯이 나만을 바라보는 저 미소가 나를 울게 했다. 다시 아이의 미소를 따라가 본다.

　속리산 초입 고가(古家)에서다. 초록색 반바지와 파란색 민소매 차림의 작은아이가 볼록한 배를 내밀고 마당에 서 있다. 발은 보이지 않고 종아리까지만 보인다. 아이는 사진의 정면이 아니라 왼쪽을 향해 서서 어느 지점인가를 골똘히 바라보고 있다. 아이의 정면이 사진의 정면은 아니지만 사진 속에서 아이는 지금 온몸과 마음으로 자신의 정면이다. 사진 찍는 일은 안중에 없다는 듯 무심한 집중. 아이의 시선 끝에 무엇이 있었는지 지금의 나는 기억하지 못하지만, 어느새 성인이 된 작은아이가 이미 그곳에 있는 것만 같다. 세상의 시선에서 조금쯤 비켜나 자신이 좋아하는 일에 집중하는 아이. 기억의 실타래를 아무리 천천히 감아도 우리가 사진을 찍겠다고 포즈를 취한 그 순간 그 아이가 무엇을 향해 골똘했는지 사진은 더 이상 설명하지 않는다.

　나와 큰아이는 축담에 걸터앉아 있다. 큰아이는 왼팔을 내 왼 어깨에 올리고(두르기엔 팔이 짧아서 어깨가 아니라 목

언저리에 손끝이 닿아 있다) 온몸을 왼쪽으로 기울여 내게 밀착해 있다. 눈썹이 위로 둥글게 열리고 입꼬리가 가로로 길게 이어져 한껏 달콤하게 미소 짓는다. 까맣게 그을린 오른손을 내 손 위에 올린 채 큰아이는 제 전부를 내게 기대고 있다. 어릴 때 아버지의 라디오 채널이 언제나 96.5에 고정되어 있었던 것처럼 아이의 시선이 엄마인 내게 고정되어 있다.

나는 오른쪽 팔을 큰아이 오른 무릎에 올리고 오른 어깨가 아이 쪽으로 기운 채 정면을 보며 웃고 있다. 기둥을 지나온 빛이 아이의 머리와 내 목을 지나간다. 축담 아래로 풀이 자라고 자갈이 깔린 마당으로 오후의 그늘이 조금씩 내리고 있다. 아이들은 제각기 자신의 세계에 충실하고 나의 시선은 카메라에 가 있다. 삼각형을 이루는 세 사람 중에서 나만 유일하게 사진을 찍고 있는 것 같다. 내 시선이 가 있는 곳에 카메라를 든 남편이 있겠지만 우리는 다시는 저 시절로 돌아갈 수 없다.

2001년은 작은 아이가 수술한 해다. 선천성 만곡증으로 태어난 아이. 저 여름은 그러니까 수술 이후의 2개월여 끝에 깁스를 푼 어느 하루였을 것이다. 마당에 서서 두 발로 걷는 아이를 지켜보는 내겐 만감이 교차하는 순간이었다. 설 수 있을까, 걸을 수 있을까, 아이보다 나의 불안이 더 컸을 것이다. 서 있는 아이는 제 발의 감각을 새로 익히는 걸음마 시기였고, 큰아이에겐 동생에게 엄마를 빼앗긴 불안한 말더듬이의 시절이기도 했다.

작은아이를 업고 큰아이 손을 잡고 대도시 언어치료실을 드나들 때, 나는 자주 입을 닫아야 했다. 기차에서 내려 버스를 갈아타고 몇 번이나 쉬며 오르던 높고 긴 육교. 업힌 아이 등쌀에 육교 난간에 기대 달려가는 자동차를 한참 넋 놓고 바라볼 때면 나도 육교처럼 흔들렸었다. 그날의 육교가 아직도 문득문득 생각난다. 빠르게 달려가는 자동차처럼 우리의 시간도 흘러갔다. 난감하게 말을 더듬는 큰아이를 야단하다가 껴안고 함께 울기도 했다. 그때의 나는 아픈 동생의 출현으로 혼란스러워하는 큰아이의 불안을 살필 겨를이 없었다. 아픔이 아픔을 껴안는다지만 아픔이 아픔을 보지 못하게도 한다. 생각해 보면 우리는 그냥 그렇게 긴 터널을 통과해 온 것 같다. 지금 사진을 찍고 있는 남편과 나도 그렇게 앞만 보고 그냥 지나왔다. 때로 우리는 서로의 아픔을 외면해야 했고 그래서 슬프기도 아프기도 했지만, 어쩌면 그 덕분에 잘 지나왔을지도 모른다. 어른은 어른이라 각자의 아픔을 견뎌야 했지만, 큰아이의 불안을 나는 어떻게 그처럼 몰랐을까.

갚을 수 없는 빚을 지고도 모른 척 지냈다. 아니 어쩌면 정말 모르고 살았을지 모른다. 부모가 뒤늦게 갚을 길 없이 불어난 빚을 깨닫는 것이 정작 아이에게 어떤 치유가 될까. 시간이 많이 지나 큰아이에게 '미안했다' 사과했지만, 한마디 말로 가당키나 할까. 나의 뒤늦은 사과는 정작 자기 위안이었을 것이다. 어쩔 수 없었다는 자기 합리화 대신 차라리 솔직하게 고백했어야 했다. 나는 나를 견디기에도 벅찼노라고. 거기까지가 엄마의 깊이였노라고.

돌이켜 보면 사진의 한때는 우리의 지난 시간을 통틀어 가장 서로에게 촘촘한 시절이었다. 그때, 오른쪽으로, 큰아이 쪽으로, 고개를 조금만 돌렸더라면. 사진 찍는 것에 조금만 무심했더라면……. 저 눈빛을 저 미소를 나는 어떻게 되돌려주어야 하나……. 사진 속의 한때가 아련한 슬픔에서 우련한 통증으로 깊게 스미는 유월이다.

# 꽃 점심

오전 수업 마치고 다음 수업까지 한 시간여 남았다. 천변을 따라 느릿느릿 걸어 꽃집에 간다. 곧 삼월이지만 봄이라기엔 바람이 아직 차갑다. 며칠 꽃샘바람 불겠지. 옅은 하늘에는 구름이 드문드문 흩어져 있고, 도심을 따라 조성된 강에는 오리 다섯 마리가 추위를 달래려는 듯 서로 몸을 맞대고 오종종 모여 있다. 기댈 곳이 있어 외롭지 않겠네, 다정한 모습에 걸음을 멈추고 잠깐 서서 바라본다.

며칠 전부터 아이가 무릎이 아프다고, 걸을 때마다 발목에서 이상한 소리가 난다고 연신 고개를 갸웃거렸다. 어젯밤 자려고 누웠는데 살짝 방문을 열고 들어오더니 엄마, 무릎이 아파요. 걸을 때마다 소리가 나는데, 들어보세요. 괜찮을까요? 그렇다고 너무 걱정하는 건 아니지만 괜찮을까요? 하고 재차 묻는다. 잔뜩 겁먹은 아이의 표정을 보며, 목소리를 가다듬었다. 괜찮을 거라고, 며칠 더 지켜보자고, 그래도 나아지지 않으면 병원을 찾아보자고. 한껏 대범한 척했다. 속으로는 어떤 의사를 찾아가야 할지, 어떻게 도와야 할지, 감감 막막하다.

자주 가는 꽃집 앞. 히아신스 화분이 노랗게 반긴다. 연탄난로 냄새가 난다. 두리번거리다 일찍 꽃 피운 수선화 화분 앞에 쪼그려 앉았다. 마침 점심식사 하고 나온 사장님이 말을 건넨다.

요즘은 통 보이지 않는데 점심시간이면 곧잘 꽃집으로 달려오는 사람이 있었다고. 한참 꽃구경하다가 슬그머니 뒷문으로 나가는 사람이었다고 했다. 다들 점심 먹으러 가는 시간에 밥이 아니라 꽃을 보고 있는 내 모습에서 언젠가의 그 사람이 떠올랐던 모양이다. 바쁜 점심시간에 꽃을 사려는 마음도 없이 꽃집을 돌아다니며 넋 놓고 꽃만 보고 갔다는 그 사람. 문득 낯모르는 그와 내가 동일인일지도 모른다는 생각이 들었다. 그를 꽃집으로 이끈 것은 무엇이었을까? 점심 거르고 마치 약속이나 한 듯 꽃집으로 향한 내 마음은 아픈 아이에게 가 있었는데……. 꽃집에서 그가 찾고 싶었던 것과 내가 찾고 싶은 것의 결은 얼마쯤 닮았을까?

꽃집을 나서는데 사장님이 불쑥 신문지에 싼 수선화 두 포기를 건넨다. 집에 두고 보라며 한동안 볼만할 거라고. 시들면 말렸다가 가을에 알뿌리를 마당에 심으면 내년엔 더 실한 수선화를 만나게 될 거라고, 무심하게 비닐봉지를 손에 쥐여주신다. 수선화 앞에 너무 오래 앉아 있었나 보다.

늦가을에 심어 되도록 추위를 견디고 개화해야 꽃대도 곧고 꽃도 예쁘게 핀다는 수선화. 집에 가면 아이와 수선화 화분 하나씩을 나누어 가져야겠다. 오늘의 점심은 수선화 두 포기.

# 마음 냉동

이틀에 걸쳐 곰국을 끓였다. 종이 팩 속에 비닐 백을 겹으로 넣고 얇게 썬 고기를 다섯 점씩 넣은 다음 기름기 걷어 낸 말간 곰국을 여섯 국자씩 채운다. 끈으로 두 번 묶어 냉동실에 차곡차곡 얼린다. 아이에게 보낼 국이다.

타지에 나간 아이가 아프다. 응급실에 가는 일도 병원을 수소문해 찾아가는 일도 다 혼자 해야 했다. 아플 때 혼자는 참 너무 외롭고 쓸쓸하다. 부모와 떨어져 지내는 첫해. 투정도 없이 담담하게 제 생활을 꾸려가는 모습을 본다. 스무 살이 되면 자신을 책임질 수 있어야 한다고 가르쳤다. 걱정되고 속이 타지만 내색하지 않는다.

– 지금 걸을 수 있니? 있으면 바로 응급실로 가거라.

아파서 다행이다

병원에 도착하면 전화하고. 혼자 살 땐 대범해야 한다. 내 생활에 당당하고 자긍심을 가지자. 감정에 치우치면 약해진다. 아파도 굶지 말고.

달려가겠다는 말은 하지 않는다. 마음은 당장이라도 달려가고 싶지만, 나는 지금 여기에서 해야 할 일이 있고, 이 또한 아이가 세상과 마주해야 할 수많은 경우 중 하나임을 기억하려고 애쓴다. 때때로 수화기 너머 힘겨워하는 소리가 들려올 때도 있지만, 짐짓 이만한 일로 무슨 한숨이냐며 명랑한 포즈를 취한다. 씩씩하자. 어쩌면 내게 하는 말일지도 모를 말을 수화기 너머 아이에게 전한다. 드물게, 잘하고 있다고, 대견하다고, 문자로 가볍게 어깨를 두드리기도 한다. 아이는 엄마의 다정하고 서늘한 말을 내면화하면서 약해지려는 마음을 가다듬으며 홀로 서는 연습을 하게 될 것이다.

우리가 부모에게서 그랬듯 점점 멀리 갈 아이들. 아마 이런 다독거림조차 길지 않을 것이다. 자녀가 부모에게서 독립할 때야 진정한 주인으로 당당하게 제 세계를 만들어

갈 수 있다는 사실을 나는 경험으로 배웠다.

아이들 어릴 때, "부모의 기대에도 칭찬에도 연연하지 않아야 한다, 너희는 그랬으면 좋겠다" 틈날 때마다 강조했다. 얼치기 조기교육이었지만 아이들은 엄마의 말에 귀를 기울였다. 아마 모두 그런 교육을 받고 자란다고 생각했을 것이다. 섣부른 훈육이 아이들의 마음에 상처가 되지는 않았는지. 우리가 하지 않은 일이 드러나는 일은 없으니. 이 또한 나의 한계다.


꽁꽁 언 곰국이 어쩐지 나를 닮은 것 같다. 견딤을 필수라 생각하는 나의 태도는 엄마라는 이름에 담긴 보편적 정서와는 거리가 있다. 그러나 나는 푸근함만이 사랑의 유일한 표현은 아니라는 생각이다. 나는 아이를 믿는다. 내 아이가 특별해서가 아니라 부족하면 부족한 대로 서툴면 서툰 그대로, 각자 처한 상황을 견디고 나아가야 한다는 내 신념을 미는 말이다. 물론 미안한 마음일 때도 있다. 하지만 미안한 내 마음을 내가 견디면 아이는 스스로 성장할 것을 믿는다. 우리는 서로 각자의 몫을 견뎌야만 한다.

불 꺼진 집, 문 열고 들어와 꽁꽁 언 곰국 한 그릇을 녹일 객지의 쓸쓸함을 생각한다. 계절과 무관하게 이 세상 어떤 음식보다 잘 변하는 마음. 너를 만난 그 처음 마음 그대로를 얼려두었다가, 네가 힘든 어떤 순간 불러낼 수 있었으면 좋겠다. 곰국을 얼려 보내는 게 마음을 겹겹이 얼려 보내는 것 같다.

# 꿈에 뵈다

며칠 전 꿈에 나를 보았다는 그의 전화를 받았다. 안녕한가, 조심스레 묻는다. 그가 들려준 꿈을 재구성해 보자면, 무슨 일엔가 나에게 슬픔이 와서 울어야 했는데 울지 않았고, 울어야 할 때 울지 못하는 내가 아파서 그가 대신 목 놓아 울었다는 이야기다. 모르는 꿈을 더듬는다. 좀체 꿈 없이 세상 모르게 자는 나지만, 어쩌면 그래서 기억하지 못하는 꿈이 있을 것만 같아서, 얼결에 "나도 보고 싶었어요", 겸연쩍은 웃음으로 무마했다.

전화를 끊고 어두워지는 회색빛 하늘을 멀뚱하게 바라본다. 며칠 전 내게 무슨 일이 있었을까? 모르는 꿈이 궁금하다. 눈물이 없는 나를 대신해 곡비가 되어주었다는데……. 내 몸을 경유한 울음이 도착한 곳은 어디였을까.

그의 꿈은 무엇에 대한 은유였을까.

발이 아파 여러 달 절뚝거리며 다닌다. 나을 기미 없이 창가에 앉아 물끄러미 밖을 내다보는 날이 늘었다. 언제부터인지 알 수 없지만 섣부른 지레짐작과 속단은 불안에 대처하는 익숙한 나의 방식이 되었다. 병원을 수소문하는 노력도 없이 절뚝거리는 지금이 나의 일부로 굳어버릴지 모른다는 막연한 예감만 남았다.

아침이면 체중계에 올라간다. 아픈 날이 길어질수록 체중계의 숫자가 빠르게 늘어간다. 차일피일하다 찾아간 병원. 문진 끝에 통증의 원인이 혹시 체중의 문제는 아닌지 묻는 내게 의사는 균형의 문제라고 단호하게 답했다. 뜨끔했다.

균형은 나의 아킬레스건이다. 삶의 태반이 외고집이거나 편애하거나 한길로 치우쳤다. 이제 와 누구를 탓할 수도 없는 일, 후회는 더더욱 덧없다. 절뚝거림이 꼭 발의 문제로만 들리지 않는다. 발이 아니어도 절뚝거림은 섣부른 예감처럼 당연히 도래할 미래였을 것이다. 다만 올 것이 왔는데 마치 선택권이 있기라도 한 것처럼 받을지 말지 망설이고 있는 모양새랄까. 사용하지 않고 보관하던 손목시계의 건전지가 저절로 방전되듯 근육이 빠져 종아리 살이 움직일 때마다 힘없이 탈탈 털린다. 그렇다고 억지로 균형을 되찾을 수는 없는 일 아닌가.

"꿈에 아버지를 뵌 날은/ 어김없이 아프다"던 염명순 시인의 시가 생각난다. 꿈을 모르던 내가 요즘 자주 아버지 꿈을 꾼다. 그러나 아버지는 언제나 직접 오시지는 않는다. 아버지는 보이지 않고 아버지를 생각하며 끝끝내 소리 내어 울지 못하는 내가 나온다. 시인의 시를 내가 고쳐 쓴다면 "아픈 날엔/ 어김없이 아버지 꿈을 꾼다"쯤 될까…….

꿈에 뵌다는 말엔 당신이 그립다는 말이 숨어 있을 것이다. 그러나 어디까지나 나의 경우에 비춰본다면, 하필이면 당신이 그립다기보다는 나의 아픔을 당신이 알아주기를, 언제나처럼 괜찮다고 빙긋이 웃어주기를 기대하는 응석받이의 못된 버릇 같다.

우연처럼 오늘 아침 또 누군가의 꿈에 내가 나타났다는 전화를 받았다. 꿈이 무의식의 실마리라면 그들에게 어떤 식으로든 발자국을 남겼다는 말이 될 텐데, 그렇다면 내 꿈에 그들은 왜 오지 않는 걸까. 진실로 꿈에 뵌다는 것은 어떤 의미일까.

# 버섯을 말리다

거실 가득 버섯을 썰어 널었다. 겨우내 가뭄이더니 버섯을 사 온 날부터 때마침 연일 봄비다. 하는 수 없이 거실과 방에 자리를 펴고 말린다. 동향집이라 한꺼번에 많은 버섯을 말릴 때면 매번 노심초사했는데, 올봄은 어쩐지 표고버섯이 아니라 근심을 말리는 것 같다.

얼마 전 종아리 아래가 무겁고 아프기까지 해 한의원을 찾았다. 혈액순환의 문제인가 했는데 몸에 습기가 많은 탓이라고 했다. 혹시 집에 습기가 많으냐 묻는 의사의 말에 아니라고, 몸에 해로울 만큼은 아니라고 대답했다. 집은 동향이지만 바람도 잘 통하고 습기로 곰팡이가 생긴 곳도 없다. 장마철을 제외하면 일상생활에 충분한 일조량이라 빨래도 잘 마른다. 그동안 거쳐 온 집들에 비하면 비교할 수 없을 만큼 쾌적하다.

넉넉하지 못한 살림은 동향이나 서향인 집을 전전하게
했다. 반지하 셋방에서 1층 셋방으로 옮겨가던 날의 건조
한 공기 냄새를 나는 아직도 선명하게 기억한다. 창으로
사람들의 신발이 아니라 이웃집 담장이 보여 좋았다. 방
을 얻기 위해 나는 이를 악물었는데, 그곳에서도 노래가
나오고 이야기가 나왔었다. 스무 살 무렵의 이야기다. 그
때 젊어서 생활의 가난이 마음의 가난으로는 쉽사리 치환
하지 않았다고 생각했는데, 돌이켜 보니 살아오는 내내
생활은 어려워도 가난이 마음의 가난으로 치환된 적은 없
었던 것 같다.

스무 살. 국문학과 수업에서 '나는 어떻게 살고 싶은지'
답하는 과제를 제출한 적 있다. "최유숙, 누구지?" 타과
생이었던 나를 호명한 교수님이 내 얼굴과 이름을 대조하
듯 번갈아 보며, 환하게 웃던 얼굴이 어렴풋이 기억난다.
내가 쓴 내용 어딘가에 웃음을 자아내게 한 순진한 자기
애가 있었던 것일까. 스무 살에 나는 나의 부모님처럼 살

고 싶다는 글을 썼었다.

클레이 키건의 『맡겨진 소녀』의 주인공은 고단한 삶을 사느라 무관심과 무례함으로 아이를 대하던 부모를 떠나, 잠시 맡겨진 친척 집에서 처음으로 따뜻한 사랑과 안정감을 경험한다. 짧고 찬란한 여름날을 뒤로하고 소녀는 집으로 돌아갔지만, 어린 시절 자신을 믿어주고 격려하고 기댈 수 있는 어른을 경험하는 일은 친부모가 아니어도 한 사람의 일생에 지대한 영향을 끼쳤을 것이다. 중년의 한 지인은 언젠가 친부모가 아닌 나의 부모를 만났더라면 자신의 인생이 지금과는 달라졌을 거라고 말한 적 있다. 아버지가 그립지도 않다던 그는 아버지를 그리워하는 나를 부러워했다. 언제나 웃는 얼굴로 집 앞에 서서 하교하는 나를 맞던 아버지를 친구는 만날 때마다 이야기했다. 그럴 때 그는 때때로 맡겨지고 싶은 소녀였을지도 모르겠다.

버섯을 뒤집는다. 다행히 비는 그쳤다. 가능하다면 버섯들을 쓸어 담아 햇빛 잘 드는 집 마당으로 옮겨 말리고 싶다. 그렇게 할 수만 있다면 나도 버섯을 따라 햇빛 잘 드는 마당으로 옮겨 심을 수 있을까?

버섯을 갈무리하기 위해 적당한 햇빛과 바람이 필요하듯, 내게도 때마다 햇빛과 바람이 되어주는 이들이 있었는데. 하늘의 뜻을 안다는 지천명의 나이에 불현듯 따뜻하고 양지바른 마당으로 옮기고 싶어 하는 치기 어린 마음이 되다니. 맡겨지고 싶은 소녀가 되다니…….

지난 가을 아버지를 떠나보내고 처음 맞는 봄날. 종일토록 거실과 방을 오가며 버섯을 뒤집듯 나를 뒤집는다. "이상하다// 꽃그늘 아래 이렇게// 살아있는 것". 고바야시 잇사의 하이쿠를 읊조린다.

# 나도 누군가를

꼼짝없이 누워 보내던 하루, 택배가 왔다.

열어보니 한 끼씩 소포장 된 곰국, 육개장, 불고기가 소복하다.

나와 한때 같이 산 적 있는 사람. 대학 내내 막차를 놓친 나를 재워준 사람. 김치를 담그고 소금에 절인 미역 줄기로 반찬을 처음 만들어 준 사람. 어디에 가 있든 찾아와 준 사람, 더 오래전은 매년 6월 6일, 학교 기숙사 방에서 밤을 새워 함께 김밥을 말던 사람. 그 사람이 보낸 구호품이다. 고마워서, 너무너무 반갑고 기뻐서 전화를 넣었다.

전화선 너머 그는 좀 더 일찍 보내지 못해 미안하다고 했다. 아파서 밥해 먹기 힘들었을 텐데 더 일찍 생각하지 못해 미안하다고 도리어 사과했다. 그는 그런 사람이다. 애초에 그렇게 생겨먹은 사람인지는 모르겠지만 나에게 언제나 그런 사람이다. 나와 그는 선후배 사이로 중·고등학교 6년을 통틀어 나는 그와 가장 가깝게 지냈다. 2년 선배지만 학교에 1년 일찍 입학한 그와 나는 고작 한 살 차이인데도 그에게는 엄마 같은 면이 있었다. 잠자리를 내주고 밥을 먹여주고 그러면서도 서로의 사생활에 간여하지는 않았다. 우리는 그냥 서로 등을 기대고 살았던 것 같다. 혈육이 서로에게 갖는 의무감이나 책임감이 빠진 순수한 동맹이랄까 의리가 우리에게 있었다. 결혼하고 물리적인 거리가 멀어지면서 우리의 만남도 드물어졌지만 언제라도 우리는 그 시절의 따신 등을 갖고 있다.

고맙다는 내게 그가 말했다. 내가 아플 때 니가 직접 곰국 끓이고 고기 구워 먹인 거에 비하면 이건 아무것도 아니라고. 응? 그랬나? 내가? 언제? 전화를 끊고도 한참 무슨 말인가 기억이 안 났다. 곰곰 기억의 두레박을 당겨보니 언젠가 그가 아파서 치료차 우리 집에 며칠 묵어간 적이 있었는데, 아마도 그때 내가 그랬나 보다. 언젠가 나도 누군가를 돌보고 걱정할 줄 알았던 사람이었나 보다.

잊힌 기억의 실타래를 되감는데, 왠지 뭉클하다. 누구에게라도 의지하는 요즘이다. 할 수 있는 일도 없이 꼭 해야 하는 일도 하지 못할 때가 많아 무력감에 자주 목이 멘다. 누워서 불을 꺼달라고 하고, 머리를 감겨달라고 하고, 밥을 달라고 하는. 그런 내가 한때 한 조그마한 다정을 누군가 잊지 않고 기억해 주어서 얼마나 다행인지…….

내색하지 않고 씩씩한 척 괜찮은 척하지만 실은 말할 수 없이 위축되고 두렵다. 이대로 이렇게 형편없이 의지하는 사람으로 남을지도 모른다는 상상으로 밤을 하얗게 새우기도 한다. 한 지인은 내게, 어려운 일 앞에서도 한결같이 평정심을 유지하는 비결이 뭔가 물은 적 있다. 아마도 그에게는 평정심을 유지하는 일이 무엇보다 중요했던 모양이다. 그러나 나는 비결이랄 게 없어서 아무 말도 할 수 없었다. 내가 아는 거라곤 그렇게 자라났고, 그가 높이 사는 자세가 기본값으로 설정되어 있다는 것. 그러니 이건 순전히 내 노력이나 의지가 아니었다. 그런 나도 지금은 자주 흔들린다. 중심을 잃고 울컥 쏟아진다. 해리

포터 시리즈에서 해리를 보호해 주던 '패트로누스(수호신동물)'가 사슴이었듯이, 오늘 그가 보내온 선의는 나를 지켜주는 '패트로누스'다. 내 뿌리와 이어진 사람, 나의 과거와 현재와 미래를 함께할 사람. 그 따뜻한 마음이 내게 용기를 내라고, 다시 괜찮아질 거라고, 천천히 일어서라고, 다정한 긴 팔을 내민다.

지인에게 이제는 말할 수 있겠다. 내가 평정심을 유지할 수 있는 비결은 오로지 내 뿌리와 가지와 이웃으로 이루어진 따뜻하고 온화한 사람들이라고.

# 알아들은 척하다


아버님이 뭐라 말씀하셨다. TV 소리 때문에 듣지 못했다. TV를 끄고 무릎걸음으로 다가가 다시 여쭤보았고, 아버님은 팔을 들어 무언가를 가리키며 다시 말씀하셨다. 웃는 얼굴로 말씀하셨다. 나도 따라 웃었다. 분명히 아름다운 이야기였을 것이다. 나는 버릇처럼 따라 웃었고 고개도 주억거렸지만, 내가 알아듣지 못했다는 걸 나도 알고 아버님도 아신다. 우리는 같이 웃었다.

아버님의 한쪽 귀는 이미 소리를 잃었다. 소리를 잃어서였을까, 이젠 목소리도 나오지 않아 대화를 주고받기가 힘들어졌다. 병상에 누운 지 삼 개월 만의 일이다. 순식간에 허름해진 아버님. 파랑 같은 날들처럼 무성하던 머리카락들은 다 어디로 가고 하얀 민머리를 새마을 모자가 헐겁게 덮고 있다.

알아들은 척하지 말았어야 했을까. 다시 묻고, 끝까지 다시 물어서 어떻게든 그 이야기를 들었어야 했을까. 그렇게라도 해서 아슬한 그의 중심을 어떻게든 잡고 있어야 했을까.

집으로 돌아와 잠자리에 누웠지만 나는 돌아오지 못하고 밤새 아버님 방 앞을 서성인다. 잃어버린 말을 찾아 헤맨다. 아버님의 세계와 나의 세계가 서로 엇갈리는 지점에 당도한 것일까. 한 번도 국경을 넘어보지 못한 나는 언어의 장벽을 느끼지 못하고 살고 있지만, 의사소통이 불가해한 여기가 우리의 경계는 아닐까. 어쩌면 아버님은 이미 경계를 넘어섰다는 말일까.

나는 말을 알아듣지 못하고 끝까지 묻지도 않았다. 어쩌면 지금껏 나의 관계가 이런 도식이었을지도 모른다, 적당히 알아들은 척하고, 적당히 짐작하고, 때론 적당히 수긍하고 스스로 이만하면 괜찮다고 타협했는지도 모른다. 그러고선 그런 걸 까맣게 잊고선, 다 이해한다고, 나 정도면 잘 살고 있다고 어리석게 살았는지도 모른다.

　컴퓨터학원 강사 경력 3년. 이 정도면 컴퓨터 자판 하나는 눈을 감고도 훤해야 하는데 나는 아직도 독수리타법이다. 눈치껏 알아채고 눈치껏 응용하는 능력이 탁월한 걸까. 독수리타법에도 불구하고 워드프로세서 1급 자격까지 갖추고 있는 걸 보면, 어떤 일을 감당해 낼 수 있는 능력이란 독수리타법 같은 기능 한두 가지로 설명할 수 없는 것인지도 모르겠다. 아마도 당장에 치명적이지 않으니 나는 앞으로도 독수리타법을 버리지는 못할 것 같다.

　알아들은 척했던 지난날들에 발이 걸려 잠을 뒤채다, 깜박 잠이 들었던가. 목이 말라 일어나보니 새벽달이 서쪽 창에 하얀 뼈로 걸려 있다.

　"새벽에 밥솥을 열어보니 하얀 별들이 밥이 되어 으스러져라 껴안고 있다"고 김승희 시인은 노래했지만, 나는 내 목에 걸린 뼈가 새벽달로 걸렸다고 읽는다. 서툴고 어눌하고 가끔 너무 멀리 가기도 하지만 내겐 독수리타법처럼 나만의 독법이 있다.

　우리는 각자의 방식으로 서로 사랑한다. 그러나 서로를
온전히 이해하지는 못한다. 이해와 오해가 씨줄과 날줄로
얽혀 있다. 온전한 이해도 온전한 오해도 없이 다만 건널
수 없는 강이 당신과 나 사이에 있다는 것을 어렴풋이 아
는 즈음이다. 그러니 언젠가는 나만의 독법에 따라 살아
야 한다.

　아파트 놀이터 가로등이 꺼졌다. 밤 깊도록 잠 못 들고
아버님 방을 헤매던 나는 그만 눈을 감는다. 아버님의 말
은 이제 다시 찾을 수 없다. 잃어버린 말은 다시 돌아오지
않는다. 무릎걸음으로 걸어가 재차 묻기를 반복한 것이
최선이라 생각한다. 너무 끝까지 묻다가는 어쩌면 우리는
서로의 바닥을 다 들켜버렸을지도 모른다.

　우리는 서로의 눈빛을 바라보았다. 아버님도 나도 서로
위로가 되었다. 다 알아들어서가 아니라 서로의 눈을 지
켜보았으므로. 말이란 건너가는 다리일 뿐, 다리를 건너

는 건 정작 말이 아니라 곁을 내어주는 마음일 테니.

　나는 알아듣지 못했다. 그러나 귀를 기울여 아버님께 다가갔다. 다가간 그 순간이, 서로를 바라본 눈빛이, 아버님과 나 사이에 선연한 비행운처럼 언제까지나 또렷하게 남아 있다는 걸 우리는 안다.


　아버님은 전화가 와도 이제 받지 않으신다. 벨 소리는 들리지만 듣지 못할 상대를 위해 조용히 전화기를 바라본다. 그 조용한 응시 곁에서 나는 아버님을 끝까지 지켜보아 드릴 것이다. 먼 길 고되고 수고한 꽃이 고요히 꽃잎을 떨굴 때까지.

# 아파서 다행이다

허리디스크 시술 후 삼 개월이 지났다. 그사이, 많이 걸으세요! 무조건 많이 걸으세요! 내가 아는 지인은 아파도 참고 열심히 걸었더니 지금은 몰라보게 좋아졌어요! 등등의 말을 단골로 듣고 있다. 허리가 아프다는 말에 누구라도 권하는 마법 처방이지만 실은 나는 좀 할 말이 많다. 나는 걷는 사람이다. 아프기 전에도 아픈 와중에도 나는 늘 걷는 사람이다.

어린이 때의 나는 3년간 탁구 소녀였다. 무명의 시골 국민학교 탁구선수. 겨울에는 손가락이 동상에 걸려도 훈련을 쉬지 않았다. 동상 걸린 벌겋게 언 손을 낫게 하려고 이모가 콩으로 주머니를 만들어 권투 글러브처럼 끼워 재우기도 했는데 그런 밤에는 온 방에 콩이 뒹구는 낭패

가 벌어지기도 했었다. 갑자기 어린 시절 이야기를 불러온 이유는 나는 명랑 탁구 소녀였으며, 누구보다 인내심을 발휘해 열심히 움직이고 걷는 사람이라는 항변을 하고 싶은 것이다.

팔월 초부터 한 주에 한 번 맨발 걷기를 하고 있다. 퇴원과 함께 허리와 엉덩이로 내려오던 방사통은 많이 사라졌지만, 왼쪽 발가락과 발바닥의 감각은 오히려 불편이 가중되었다. 걷다가도 문득문득 아픈 발이 내 것 같지 않다.

치료 후 경과가 좋은 분들도 많다. 왕성하게 다시 일하며 누구보다 활기차게 지내는 지인도 있지만, 내 경우엔 예후로 볼 때 아프기 전으로 돌아갈 수는 없을 것 같다. 특별히 비관적이어서가 아니라 노화와 질병에 나만 예외일 이유는 없기 때문이다. 발바닥 신경이 언젠가 돌아올 수도 돌아오지 않을 수도 있다는 말을 들었지만, 섣불리 오늘보다 더 나은 내일을 기대하지는 않는다. 그렇다고 불안을 가불할 마음도 없다. 지금은 지금 할 수 있는 일을 한다.

견디기 힘든 통증을 지나 이제는 견딜 만한 통증과 함께 걷는다. 아프면 많은 것이 변화한다. 하던 일을 그만두고 침대와 집과 동네 걷기가 유일한 일상이 되었다. 그러나 아픈 덕분에 잠시 멈춰 서서 그동안 살던 대로 사는 대신 살고 싶은 다른 삶에 대해 고민하는 기회를 얻었다. 팽창하는 우주처럼 사람도 하나의 우주라면 아파서 얻은 이 시간이 나를 더 깊은 우주로 인도하는 기회가 아닐까. 나는 아파서 얻은 이 기회를 그냥 흘려보내고 싶지 않다.

며칠 전 큰아이가 "엄마는 이 세상에 한 명뿐이라서, 멸종위기종이에요. 그러니까 보호해야 해요!" 하고 말했다. 아픈 엄마를 누구보다 가까이에서 보고 걱정하고 도운 아이. 아프지 않았다면 감히 어디서 이런 어여쁜 말을 들을 수 있었을까.

'다행 찾기'는 청소년기 내내 일기의 마지막을 장식하는 문구였다. '오늘도 다행 찾기에 성공해서 다행이다!'라는 식이었다. 어떻게든 그날그날을 마무리 짓고 내일을 맞으려는 안간힘이었던 것 같다.

그때로 돌아가, 의자에 앉아서 책을 읽고 글을 쓸 수 있어, 다행이다. 얼굴의 부종에 차도가 보여 그나마 봐줄 만한 얼굴이 되어 얼마나 다행인가. 그중에서 무엇보다 다행인 것은 아플 수 있을 때 아파서 참 다행이다. 아이들이 어려서 내가 자리를 비울 수 없었다면, 부모가 편찮으셔서 돌봄이 필요한 때였다면, 아파도 아플 수 없었을 것인데……. 아파서 참 다행이다!

4.

## 스스로 기뻐하는 높이

# 노트를 찾아서

여러 날 노트를 찾고 있다. '플러스메이트 PVC포켓커버'. 오늘은 작심하고 한 시간째 컴퓨터 앞에 앉아 노트 겉면에 나온 제조사와 상품명을 검색한다. 여기저기 발품 팔아도 흔적조차 찾을 수 없었다. 처음 노트를 구매한 대형할인점에 문의했지만 특별한 도움이 되지는 않았다. 마지막으로 무작정 노트에 적힌 제조사로 전화를 걸었다.

마치 겨울 내소사 담장처럼 조용하고 낮은 목소리의 응대가 따라왔다. 재고를 파악해 연락하겠다는 친절한 답을 들었다. 얼마나 주문할까? 얼마나 주문해야 택배 발송 해줄까? 두고두고 쓸 거니까 아예 한 박스를 주문할까? 기대로 설렌 정확히 5분 뒤 휴대전화 벨이 울렸다. 처음처럼 담담한 어조로 이 제품을 판매한 건 맞는데, 더는 생산하지 않는다고 했다.

 스테디셀러처럼 오랜 기간 사랑받는 책은 세월이 병풍처럼 겹쳐도 다시 만나기 어렵지 않다. 1992년 출판된 김현 선생의 『행복한 책읽기』를 온라인 중고 거래상에게서 어렵게 구해 읽었는데, 2014년 하드카피로 새 옷을 입고 다시 찾아왔다. 반가운 마음에 낡은 책은 깨끗한 종이로 싸서 책꽂이 한 귀퉁이에 꽂아두고 새로 출간된 책을 주문했었다. 그러나 한 분야의 대가가 아닌 이상 소수의 구독자를 가진 책들은 재고가 쌓이다 소리소문없이 사라지는 경우도 많다.

 여러 해 동안 나는 한 가지 종류의 노트만을 사용했다. 평소 나를 둘러싼 물건들에 두루뭉술하니 특별한 기호랄 게 없었는데, 글을 쓰다 보니 뜻밖에 노트와 필기구가 중요해졌다. 펜의 무게나 종이에 닿는 펜촉의 소리, 노트의 크기와 두께, 줄 간격 따위에 나도 모르게 세세해졌다.
 노트는 독서 기록과 일기장으로 사용했다. B6(118*181cm) 크기의 비닐 커버. 덕분에 오염이나 구김이 없고, 겉표지에 지퍼가 있어 목록을 기록해 띠지처럼 넣을 수도 있었다. 그런 노트를 더는 구할 수 없다고 한다. 이제 어디에 글을 쓸까. 단지 노트일 뿐인데, 아득히 길이 보이지 않을 때마다 수화기를 들던 한 사람 생각이 났다. 한동안 잊고 지내던 어느 날 그가 다시는 전화를 받을 수 없는 먼 곳으로 떠난 걸 알았을 때처럼. 꼭 그때처럼 막막해졌다.

지금 나는 절판된 책을 수소문해 읽고, 만날 수 없는 사람을 그리워하고, 생산이 중단된 노트를 찾아 헤맨다. 언뜻 보기엔 글을 쓸 노트나 읽고 싶은 책을 구하고 있는 것 같지만, 그보다 더 깊은 간절한 무엇인가 있다. 발원지를 헤아릴 길 없는 물줄기와 같은 오랜 허기. 어쩌면 번번이 놓치고 뒤돌아보기를 반복하다 정작 지금을 다시 놓치고 있어서일지도 모를 일이다.

비나 눈이나 풀처럼 어디에 내리든, 내리는 곳 어디든, 가만히 발을 착 딛고 내 삶을 포갤 줄 알면 얼마나 좋을까……. 종내에는 '머무는 곳이 모두 내 거처'이길 바라지만, 아직은 요원한 일. 다만 지금 여기에서의 일을 생각한다.

한때 나는 꼭 알맞은 자리, 꼭 알맞은 사람, 꼭 알맞은 마음이란 게 있는 줄 알았다. 아니 있었으면 했다. 뜻밖에 노트를 찾아 헤매다 길을 잃은 나를 만났다. 길을 잃어서 다시 길을 찾게 되는 일들. 우리는 오히려 더 자주 길을 잃어야 할지 모르겠다. 만약 내가 한 권의 노트라면, 지금 간절히 찾고 있는 노트처럼 너무 작지도 너무 크지도 않아 한 호흡으로 글을 쓸 수 있는, 먼 훗날에도 그리워지는 한 권의 노트라면 좋겠다.

# 스스로 기뻐하는 높이

서랍에서 오카리나를 발견했다. 언젠가 언니에게 받은 선물이다. 두어 번 사용 설명서의 운지법을 보며 불어보고는 뜻대로 되지 않아 서랍 깊숙이 넣어두었었다.

여행을 갈 땐 꼭 악기 하나쯤 갖고 가라는 말을 어딘가에서 들은 기억이 있어서, 만약 악기를 가진다면 어디든 손쉽게 몸에 지닐 수 있는 조그마한 크기의 악기를 갖고 싶었다. 말하자면 오카리나는 바로 내가 찾던 악기였다.

김연수의 단편소설 「모두에게 복된 새해」에 이런 문장이 있다.

"이 피아노, 긴 시간 안 노래했습니다. …… 안 노래하면 안 삽니다" 소설 속 인도인 조율사는 간곡하게 "이 피아노, 어떻게, 이렇게까지 왔습니까?" 하고 묻는다. 피아노 이야기지만 피아노를 연주하는 사람을 향한 질문이어서 나는 한참을 그 문장에 멈춰 있었다.

악기로 태어났지만 긴 시간 연주되지 않는 악기가 있다면 그를 악기라고 불러도 좋을까. 오카리나를 생각한다. 좋은 소리를 갖고 있지만 소리를 불러낼 줄 모르는 사람을 만나 서랍에 갇힌 신세가 된 오카리나. 내게 와 제대로 살지 못하고 있는 오카리나는 이미 오카리나가 아닐지 모르겠다. 버려진 고물들로 놀라운 연주를 들려주는 동영상을 본 적 있다. 연주자에 따라 천상의 소리가 되기도 하고 소음이 되기도 하는 것이 악기의 운명이라면 사람에게도 그 말을 적용할 수 있지 않을까.

사람은 세상 어떤 악기보다 훌륭한 악기라고 했다. 모양도 소리도 운지법도 제각기 다른 악기. 누가 연주하느냐에 따라, 어떤 방식으로 연주하느냐에 따라 세상의 무늬가 달라지는 놀랍고도 경이로운 악기가 사람이다. 그러나 그보다 더욱 놀라운 점은 고유한 악기 스스로가 자신이 어떤 악기인지 모른다는 사실은 아닐까. 스스로 어떻

게 연주해야 하는지, 어떻게 다루어야 하는지 모를 뿐 아
니라, 누구도 함부로 가르쳐 줄 수 없다는 점이다.

나는 오랜 시간 이 문제와 엎치락뒤치락하며 지냈다.
아주 어릴 때부터였다. 내가 어떤 악기인지, 어떻게 연주
해야 하는지, 내 소리에만 귀 기울이느라 다른 악기와 불
협화음을 내고 있지는 않은지. 왜 나는 하필이면 이런 악
기로 태어났는지……. 어떻게 이렇게까지 왔는지…….
매번 질문은 대답 없이 메아리로 번지다 다시 출발한
자리로 돌아왔다고 생각했는데, 뒤돌아보니 출발한 자리
만은 아니었던 것 같다.

나는 이제 더는 같은 질문을 그만두기로 했다. 어떤 질
문은 대답이 필요하지 않을 수도 있다는 것을 이해하는
계절에 왔기 때문이다.
나는 혼자 부르는 노래이기도 하고, 이도 저도 아닌 말
더듬이기도 하다가, 발치에 떨어진 잎들을 가만히 내려다
보는 다정하고 쓸쓸한 은행나무이기도 하다.
오카리나를 다시 보관함에 넣는다. 머지않아 누군가 필

요한 사람에게 갈 수 있도록 잘 보관하기로 한다. 입으로 공기를 불어 넣으면 맑고 투명한 소리가 나오는 오카리나. 오카리나는 스스로가 어떤 악기인가 어리석게 고민하지는 않았을 것이다.

이제 나는 근근이 그 무엇도 아니어도 좋겠다고 생각하는 지점에 온 것 같다. 어떤 악기여도 좋겠다. 내가 노래할 때 내 옆을 지나가는 검은 고양이여도 좋겠다. 다만 스스로 기뻐하는 높이에 달린 한 알의 영혼이면 좋겠다(나는 이 문장을 문태준 시인의 시 「유자」에서 얻었다).

# 저축왕

어릴 때 학교에서 저금통을 상으로 받은 기억이 난다. 지금도 또렷하게 생각나는 그 저금통은 황금색의 거북이 모양이었다. 그 당시 학교에서는 학생들에게 저축을 장려하는 의미로 매달 저금하게 했다. 그러나 시골 아이들에게 저금이라고 할 만한 돈은 그나마 형편이 좋다는 집 아이들에게도 설날 세뱃돈이 유일하던 시절이라고 기억한다. 내 경우엔 아버지께서 매달 천 원, 이천 원을 가져가게 해서 뜻하지 않게 '저축왕' 타이틀을 받았지만, 그건 좀 우습고 슬픈 왕이었다. 그 슬픈 왕관을 운동장 조회 시간 단상에 오른 교장 선생님 앞으로 불려 나가 받아왔으니, 지금 생각해도 얼굴이 화끈 달아오른다. 그리고 그걸 아주 자랑스럽게 생각했던 나를 기억한다.

저금

난 말이지,
사람들이 친절을 베풀면
마음에 저금을 해둬
쓸쓸할 때면 그걸 꺼내
기운을 차리지


너도 지금부터 모아 두렴
연금보다 좋단다

– 『약해지지 마』, 시바타 도요, 지식여행, 2021


　서점에서 친절을 저금한다는 체구가 조그마하고 얼굴
이 동그란 '시바타 도요' 할머니(1911~2013년)를 만났다.
봄날 햇살같이 토닥토닥 말하는 할머니의 시를 읽으면 힘
들게만 느껴지던 하루도 어느새 따뜻하고 환해졌다. 오래
숙성한 후 걸러낸 맑고 투명한 현미식초 같은 시. 친절이
저금이 된다니! 이 무슨 목련 꽃송이 꽃등 밝히는 소식인

아파서 다행이다

지! 연이어 며칠 전 읽은 소설의 한 문장이 떠올랐다.

"사는 게 친절을 전제로 한다고 생각하면 불친절이 불이익이 되지만 친절 없음이 기본값이라고 여기면 불친절은 그냥 이득도 손실도 아닌 '0'으로 수렴된다"(김금희, 『대온실 수리 보고서』 중에서)는 문장. 친절을 저금하기 위해서는 우선 친절이 불로소득이라는 개념이 선행되어야 할 것 같다. 친절을 저금한다는 생각은커녕 마치 마땅히 받아야할 권리인 양 불친절에 화를 내기만 했으니. 그런 내가 친절을 저금한다는 건 애초에 불가능한 일이었다.

비밀금고를 열어본다. 나는 그동안 무엇을 모아왔나. 지난 통장들 뒤적이는데 태반이 억울함, 화, 서운함, 수치심과 같은 부정적 감정들이다. 정말 이게 다일까. 내가 나를 미워하고 나를 믿지 않던 때에도 언제나 곁을 내주던 사람들이 있었다. 그들의 따스함과 우정과 사랑은 다어디 있을까. 친절은 대체로 주고받지만, 어떤 경우엔 아무런 친절을 베풀지 않았는데도 친절을 받을 때가 있다. 햇빛과 바람과 구름과 나무와 같은 대자연의 친절이 그렇고, 아무것도 나누지 않았는데도 따뜻한 응대를 보내오는 타인들의 미소가 그렇다. 그 빛나던 햇살과 나날이 경탄하던 구름이며 하늘이며 바람들은 다 어디 있을까.

다 기억하지 못하지만, 그 많았던 유정 무정의 친절들을 저금할 줄 몰랐으니 참말 가난한 인생이라고 할 수 있겠다. 어릴 때의 저축왕이라는 허명이 무색하다. 그러나 기대와 바람에 가려 금방 눈에 보이지 않지만 내 안에, 내 인생의 금고 안에 틀림없이 있다는 걸 이제는 알겠다. 친절은 사라지지 않는다.

종일 꼼짝 못 하고 천정만 올려다볼 때가 있다. 나도 모르게 마음이 곤두박질치는 날도 있다. 그런 날이면 책장에서 친절한 도요 할머니의 시집을 펼쳐 소리 내어 읽는다. "너도 약해지지 마" 등을 토닥이는 다정한 할머니의 음성을 듣는다. 올해의 저축왕은 도요 할머니다.

# 나만의 방

대이동이다. 침대를 옮기고, 책장의 책을 옮기고, 거실 생활자가 되었다. 코로나19는 전 세계인의 삶 속으로 깊숙이 파고들어 일상을 뒤흔들어 놓았다. 학교가 문을 닫고, 초유의 개학 연기와 사이버 개학이라는 머지않은 미래가 준비 없이 앞당겨졌다.

둘째는 기숙사로 되가져 갈 짐을 방에 쌓아둔 채 방학을 보내다 엉거주춤 주저앉았고, 자취하던 첫째도 돌아와 집은 학교가 되고 기숙사가 되고 강의실이 되었다. 부부만 살던 집에 아이 둘이 돌아오니 대이동이 불가피했다.

나는 막내로 자라 내내 부모님과 함께 방을 썼다. 나만의 방을 갖는 것이 오랜 소망이었는데 뜻하지 않게 허리가 아프면서 나만의 방이 저절로 찾아왔다. 결혼한 여자가 부부의 침실이 아닌 나만의 방을 가지는 일은 간단하지 않다. 남편의 서재나 아이들 공부방을 두는 일은 이견이 필요치 않지만, 아내가 혼자만의 방을 가지기로 하면 어떤 이유에서든 안팎으로 비난의 화살이 날아들기 일쑤였다.

버지니아 울프는『자기만의 방』에서 "여성이 픽션을 쓰기 위해서는 돈과 자기만의 방이 있어야 한다"고 했다. 19세기였고, 영국에서 여성이 자신의 이름으로 재산을 가질 권리와 투표할 권리를 막 얻어냈을 무렵이었다. 그러나 1년에 500파운드(75만 8,970원)의 돈과 자기만의 방이라는 명제는, 21세기인 지금에도 흘러가는 옛 노래로만 들리지는 않는다. 나만의 방이 생긴 김에 픽션을 쓰는 여자가 되었다면 더할 나위 없겠지만, 부부의 침실이 아닌 나만의 방을 가진 당당한 여자로 이후 날아드는 염려와 조언의 형태를 띤 미묘한 시선들은 그냥 감수하기로 했다.

성인 4명이 각자의 프라이버시를 침해하지 않으면서 이십사 시간 함께 머물기란 20평형대 아파트로는 턱없이 부족하다. 서로의 다름을 인정하고 존중하는 관계의 미학은 기본으로 하더라도, 최우선으로 개별 수업이 가능한 각자의 방이 필요했다. 여러 날 고심 끝에 내가 혼자 쓰고 있는 방을 아이에게 내어주기로 했다. 코로나19가 끝날 때까지라는 단서가 붙었지만 쉽지 않은 결정이었다.

엄마에게서 방을 뺏는 것 같다며 한사코 마다하는 아이를 설득해 방을 내주었다. 화상 강의, 어질러진 거실, 뒹구는 옷가지, 새벽까지 이어지는 컴퓨터 소리……. 서로 다른 생활 방식의 차이는 누구보다 내가 불편했다. 아이들 나름으로는 엄마의 편의를 최우선으로 고려했지만, 공간의 제약을 극복하기란 쉽지 않았다. 무엇보다 나에게 나만의 방이 필요하듯 아이들에게도 그들만의 공간이 절실한 것을 경험으로 알기 때문이다.

언젠가 일기에 울고 싶은데 방이 없어서 울 수 없다고 쓴 적 있다. 그런데 아이러니하게도 방이 생기자 더는 울음주머니가 부풀어 오르지 않았다. 그제야 울음은 방이 없어서가 아니라 내가 울음주머니를 틀어막고 있어서였음을 깨달았다. 나만의 방이라는 물리적 공간이 있다면 더할 나위 없겠지만, 나는 글쓰기가 정신적 측면에서의 나만의 공간이라고 생각한다. 글쓰기를 통해 나는 울 수 있었고 말할 수 있었다.

나는 혼자만의 공간이 필요한 사람이다. 혼자만의 공간과 시간이 없으면 금방 지쳐버린다. 올봄 세계사에 유례없는 코로나19가 어렵게 쟁취한 나만의 방을 잠시 내려놓게 했다. 하루빨리 나의 방으로 돌아가기를 희망한다.

# 뼈를 발라 먹다

모임에서 가장 흔하게 가는 곳이 한정식집이다. 늘 먹는 밥인데도 푸짐한 상차림 덕분인지, 모임이 끝나면 한정식집으로 우르르 몰려가곤 한다. 큼지막한 접시에 얌전하게 올라오는 음식의 양은 접시의 크기에는 비례하지 않지만 사람의 수와는 거의 일치한다. 가짓수 많은 상차림에서 꼭 빠지지 않고 나오는 반찬 중 하나가 생선이다. 어린아이 손바닥 크기만 한 조기나 열기 따위가 사람 숫자만큼 올라온다. 다른 반찬과는 달리 생선은 분명하게 각자의 몫이 정해져 있다. 주인과 친분을 쌓아도 추가되는 일은 드물다. 그래서 웬만해선 다른 사람 몫으로 나온 생선에는 손대지 않는다. 암묵적 약속이다. 그런 생선을 나는 주로 바라보기만 하는데 싫어해서도 아니고 특별히 생선을 즐기는 동료에게 양보하겠다는 갸륵한 생각도 아니다. 뼈를 바르기 힘들어서다. 크기가 작기도 하지만 젓가락을 가져가도 잘 뜯기지 않는 작은 생선의 뼈를 발라 먹는다는 건 내겐 몹시 곤란한 일이다. 자칫 생선이 접시 밖으로 밀려나거나 손가락에 생선을 묻히고 말아 그만 볼썽사나워진다. 한마디로 점잖게 밥을 먹을 수 없다. 점잖은 게 뭐라고!

어떤 자리에서든 생선을 주도면밀하게 살과 뼈로 분리해 내는 사람을 보면 여간 부럽지 않다. 때로 존경스럽기까지 하다. 어쩌면 저렇게 깔끔하게 처리할 수 있을까, 생선의 뼈까지 입안에서 완벽하게 분리되어 나오는 장면을 보면 그만 두 손 다 들고 만다. 캔을 넣으면 알루미늄과 철로 분리되어 나오는 캔 분리수거기처럼. 그의 혀에는 뼈만 달라붙는 특수 자석이라도 있는 걸까. 신기하게 바라보고 비결을 물어보면 당연하다는 듯 혀로 그 모든 걸 한다고 한다. 내게는 도무지 풀리지 않는 수학 문제 같다. 내 혀에 무슨 이상이라도 있는 걸까. 만에 하나라도 뼈가 다른 음식물과 함께 섞이는 날엔 입속에 든 걸 전부 밀어내야 했다. 아무리 잘해보려고 해도 밀어내는 것밖에 달리 방법이 없다. 혀로 생선의 **뼈**를 느끼며 천천히 먹어보라고 동료가 내 앞으로 접시를 밀어줘도 그냥 멋쩍게 웃는다. 통상 웃음은 이런 때 약방의 감초다. 슬며시, 아닌 척, 괜찮은 척, 어물쩍 넘어가려는 수작이다. 간혹 친절한 동료가 **뼈**를 발라주기도 하는데 그럴 땐 얌전히 받아먹는다. 그동안 내 몫의 생선을 밀어낸 것이 생선을 싫어해서가 아니라 순전히 뜯어 먹기 힘들어서였다는 반증이다.

사는 동안 젓가락도 대지 않고 물린 생선들이 있었다. 생선을 좋아하는 일이야 기호의 문제이고 먹어도 그만 안 먹어도 그만이겠지만, 내 몫의 생선을 물리듯 내 앞으로 온 삶도 물끄러미 바라보다 식은 밥상처럼 물렸을지 모른다는 생각에 이르면 가시 박힌 듯 목구멍이 따끔거린다. 종종 내 몫으로 온 생선은 그대로 물려지거나 누군가의 몫으로 돌아가곤 했는데, 그렇다면 내 몫의 삶도 다른 누군가의 밥상 위에 올랐을까. 내 것이 아니라고 생각했던 것 중에서 어쩌면 내가 천착하지 않고 미리 포기해 버린 것들은 없었을까. 그러나 손대지 않고 물린 조기와 열기의 수를 헤아릴 수 없듯 내 앞으로 온 지나간 삶의 파도들도 이제는 가늠할 길 없다.

오늘 점심은 추어탕이다. 어릴 때 나는 추어탕을 입에 대지도 않았다. 짐작하겠지만 그놈의 뼈 때문이다. 엄마는 이런 나를 "생기다 말았냐!"고 질색했지만, 국물만 떠먹어도 목에 뼈가 걸릴 것 같았다. 서정주 시인은 "내 인생의 팔 할은 바람"이라고 했지만 지금 생각하니 내 살아온 날의 팔 할은 두려움이었다. 생선 한 마리도 뼈가 목에 걸릴까 겁먹고 지레 포기했다. 깔끔하게 발라낼 수 없다는 이유로 접시를 점잖게 밀어내며 점잖게 살아 기껏 지금이다.

생각할수록 수많은 선택의 순간을 관망하고 지나온 것 같다. 가보고, 잘못 들어가 보고, 다시 되돌아 나오지 않았다. 그러니 삶에 무슨 깊이가 있겠나. 제대로 보지도 않았고, 보려고도 하지 않았다. 언젠가 한번 크게 뼈가 목에 걸려 고생한 기억도 없으면서, 오로지 뼈가 겁나서, 목에 걸려 죽는 게 겁나서 벌벌 떨며 자신을 깔끔하게 포장하기에 급급했다.

언젠가 "후회는 없냐"고 언니가 물은 적 있었다. 나는 단호하게 후회는 없다고 말했다. 그러나 어디까지가 진실일까. 생선을 안 먹다가 이젠 아예 생선을 싫어하게 된 것처럼 나는 나를 어디까지 각색하고 살고 있을까.

가시에 찔리든, 토해내든, 꿀꺽 삼키든 어떻게든 제대로 마주했어야 했다는 뒤늦은 후회가 있지만 그럼에도 암울한 전망만은 아니다. 나는 여전히 뼈를 겁내지만, 이제는 추어탕을 먹을 수 있게 되었다. 두려움이 없어서가 아니다. 여전히 두려운 채 다만 물러서지 않겠다는 것이 이즘의 내 방식이다.

"생기다 말았냐!"던 엄마의 말은 역시 지당한 말씀이었던 것 같다. 엄마에게서 와서 자신의 선택과 행동을 통해 나는 이제야 차츰 생겨가고 있는 것 아닐까. 각색은 또 다른 창작의 형태이듯 새로운 해석과 새로운 시각으로 나는 시나브로 익어가고 있다. 두려움은 용기와 더불어 삶의 또 다른 이면이란 걸 추어탕을 먹으며 생각한다.

# 틈

끝나지 않을 것만 같던 긴긴 여름을 났다. 고르지 못한 일기 탓에 콩이며 무며 배추들이 모두 덜 여물고 수확량도 줄었다. 소설 지나 김장하려고 배추를 다듬는다. 해마다 알이 꽉꽉 들어차 한 포기를 받아 안기에도 벅찼는데 올해엔 겉잎을 떼고 보니 볼품없이 횅뎅그렁하다. 축담에 쌓인 배추들 보며 이 많은 배추를 다 어떻게 갈무리하나 근심했는데, 다듬고 보니 되려 김장으로 부족하지 않을까 걱정될 정도다. 이러저러해도 걱정은 해마다 풍년이다.

속이 텅 빈 배추들을 절여놓고 보니 한 손에 꼭 찬다. 양념에 버무려 겉잎으로 싸려면 한 손으로 감당하기엔 벅찼던 예년의 포기와는 비교도 할 수 없이 가볍다. 속을 채우기 수월하니 김장하는 속도도 빨라서 좋다. 미리 준비

한 김치 통을 다 못 채웠지만 콧노래가 절로 나온다. 동글 동글 겉잎에 싸인 김치를 보니 어서 빨리 익혀 식탁에 올리고 싶다. 작황이 좋지 않아 실하지 않은 배추를 걱정했는데 작아서 좋다. 모자라서 되려 반갑고 사랑스럽다.

담근 김치를 죽죽 찢어 먹어본다. 겉모습과는 달리 달고 고소하다. 이 맛은 어디서부터 온 걸까. 속이 덜 찬만큼 배춧잎 한 장 한 장에 골고루 햇빛과 바람이 들어찬 걸까. 무엇이든 빈틈없이 꽉꽉 채워야 성에 차는 내게, 배추는 햇빛과 바람의 맛을 제대로 가르쳐 주려는 걸까.

얼마 전 어머니는 묵은 은수저 두 벌을 들고 나가 새 밥공기로 바꿔 오셨다. 그 일로 똑똑한 자식들에게 무안을 당하기도 하셨는데 마침 제삿날 새 밥공기에 밥을 푸게 되었다. 제삿밥을 담을 때면 꼭 두꺼운 면장갑을 껴야 했는데 그날은 고봉밥을 담는데도 손이 뜨겁지 않았다. 어머니 어깨가 절로 으쓱해지셨다.

새삼 새 밥공기를 자세히 살폈다. 두 겹으로 되어 있고 안과 겉 사이 속이 비어 있다. 두 겹 사이 공간 덕분에 밖은 뜨겁지 않고 안은 온기가 새어나가지 않아 오래 따뜻하다. 안과 겉이 사이를 두고 한 발짝 물러서 있다고나 할까. 흔히 사랑하면 어떤 일에든 빈틈없이 짜여 한 몸이 되어야 한다고 알고 있지만 오히려 가까운 사이일수록 적당한 거리를 두는 것이 관계의 깊이를 더하는 묘수가 된다고 이야기하는 것 같다.

포기로 양을 가늠할 수 없어 김장을 두 번에 걸쳐 마무리했다. 두 배로 어깨가 결리고 다리도 무겁지만 틈의 맛을 제대로 배운 김장이다.

# 고구마꽃

새로 생긴 마을이라 아파트를 제외하면 공터가 더 많다. 구획 지어진 반듯한 택지 사이 네모난 밭들에는 고추, 고구마, 참깨, 들깨 같은 친숙한 작물이 빼곡하다. 도심에서도 부지런히 농사를 짓는 이들이 많다. 어두워 오는 이른 저녁 무렵이면 가로등 불빛에 의지해 작물을 돌보는 장면을 종종 마주할 때가 있다. 그럴 때 상상한다. 언젠가 저 밭에 집을 짓고 사람이 살게 되면 작물이 자라듯 사람도 자라는 거라면, 그처럼 지어진 집에서 살고 있는 나는 나를 어떤 자세로 기르고 있을까. 문득 생각이 길어진다. 저만치 앞서 걷던 남편이 멈춰서서 뭔가를 한참 보는가 했는데 쪼그려 앉는다. 가까이 다가가니 고구마밭이다.

"야, 고구마꽃이다! 고구마에 꽃 핀 거 본 적 있나?"

"아니……. 나팔꽃 같은데?"

자세히 보니 나팔꽃은 안으로 들어갈수록 색이 옅어지는데, 고구마꽃은 안으로 들어갈수록 색이 짙다. 꽃에서 눈을 떼지 못하던 남편은 궁금증을 풀어야겠다며 산책을 접고 서둘러 혼자 집으로 돌아갔다.

남편은 농사꾼의 아들로 태어나 줄곧 농사일이 몸에 밴 사람이다. 친정엄마는 해마다 농사일로 까맣게 그을린 사위를 안타까워하시며 부지런하고 버릴 게 하나도 없는 사람이라고 칭찬하셨다. 농사와 관련해서는 모르는 일이 없는 남편이 태어나 처음 보는 꽃이라고 했지만, 내겐 그리 신기한 일로 여겨지지 않는다. 어쩌면 당연한 반응이다.

봄이면 슬그머니 호미 하나 챙겨 냉이를 캐 오는 이도 남편이고, 달래 캐러 가자고 채근하는 이도 남편이다. 나는 철없는 어린아이처럼 남편이 부르면 소쿠리 들고 쫄래쫄래 따라다니며 봄볕 쬐다가 그가 캔 나물들을 들고 돌아온다. 처음 버드나무에 물오르는 걸 가르쳐 준 이도 남편이었다. 물오른다는 말이, 그 말을 하는 남편의 생기로운 표정과 몽글몽글 피는 버들개지의 통통함을 발견하는 눈이 마냥 새롭고 신기하고 좋았다.

시골에서 태어나고 자라서, 농사짓는 남편과 살고 있지만 나는 아직도 냉이를 정확하게는 구분하지 못한다. 냉이라고 캐고 보면 열 중 고작 한두 개가 냉이이고 보니 남편은 내게 바구니만 들고 따라오라고 한다. 살다 보면 저절로 알게 되는 거라며 감싸주지만, 함께 20년을 살아도 살구나무와 복숭아나무를 구별하지 못하는 사람인 내 처지로는 차마 뭐라 말할 수 없이 부끄러운 일이다. 저절로 되는 일이란 없다. 애정을 갖고 자세히 보고 정확하게 아는 것. 사물의 기미를 예민하게 읽을 수 있는 것은 자신을 둘러싼 것들에 대한 정확한 사랑이 아니고선 불가능한 일이란 걸 살아갈수록 역력히 알게 된다. 저만치 가고 있는 남편을 돌아본다. 너무 가까워 잊고 있었던 얼굴 하나를 문득 다시 마주한 것 같다.

손차양하고 천천히 다시 둘러보니 여러 고구마밭 중 유

독 이 밭에만 꽃이 피어 있다. 꽃은 어디에서 어떻게 여기까지 왔을까. 아열대 식물인 고구마는 그동안 우리나라에서는 꽃을 보기 힘들었다고 한다. 고구마꽃이 피었다는 소식은 소나무가 귀해지는 것처럼 우리나라가 아열대성 기후로 바뀌어 가는 여러 징후 중 하나일 것이다. 오늘 아침의 나는, 지구온난화보다, 100년 만에 핀다는 고구마꽃보다, 낯선 꽃 앞에서 어린아이처럼 신기해하고 경탄하는 남편을 만난 것이 무엇보다 반갑고 흐뭇하다. 예로부터 고구마꽃이 피면 나라에 경사스러운 일이 생긴다고 했는데 그 말이 틀리지 않았나 보다.

산다는 건 재밌는 일이다. 익숙해서 습관처럼 오가던 골목에서 못 보던 꽃을 발견하기도 하고, 노을을 만날 때면 매번 처음인 듯 감탄하기도 하고, 오늘처럼 너무 가까워 거의 다 안다고 지레짐작하던 가까운 이의 낯선 일면을 발견하기도 하니 말이다. 지구가 멸망해도 한 그루 사과나무를 심겠다고 말한 이도 있었지만, 나는 사는 날까지 나날의 새로움을 놓치지 않고 발견하는 맑은 눈을 매일매일 연마하고 싶다.

# 차단기

시댁 두꺼비집에 문제가 생겼다. 차단기가 수시로 내려간다. 도대체 어디에서 누전되는 걸까. 비닐 호스라면 물이 새는 곳을 감출 수 없겠지만, 눈에 보이지 않는 전기는 어디에서 새는지조차 알 수 없다. 이것저것 빼보고 다시 꽂아보고 하는 와중에도 전기는 까닭 모르게 연거푸 들어오다 나가다 한다.

급한 마음에 한전에 전화했더니 개별 가정의 전기배선을 도울 수는 없고, 달리 마땅한 묘안은 없지만 정 고쳐야겠다면 기존의 배선을 버리고 전기배선을 새로 하라고 했다. 날은 찬데 마땅히 부를 수선공도 없이 난감한 시간이 흘렀다. 저녁이 오고 긴 시간 동동거린 덕분일까. 한동안 전기가 나가지 않는 상태가 이어졌다. 별다른 묘책이 없어 며칠 상황을 지켜보기로 하고 그만 집으로 돌아왔다. 다행히 우리가 돌아온 이후에도 전기는 나가지 않았다.

잠자리에 누워 거미줄처럼 얽힌 전기배선을 떠올린다. 실은 이즈음 내 마음이 오래된 주택의 전기배선 상태 같다. 막무가내 '철컥' 닫힌 마음은 아무리 애를 써도 처음으로 돌아가지 않는다. 더욱 난감한 점은 닫히는 이유를 설명할 수 없다는 점이다. 며칠 밤을 뒤척이며 마음을 이렇게 저렇게 헤아리고 다독이고 어떻게든 요약 정리 해보려고 해도 도무지 정리되지 않는다. 마치 거미가 제가 친 거미줄에 돌돌 묶인 꼴이다. 이즈음이라고 했지만 정확하게 말하면 지루한 반복에 가깝다. 오래된 전기배선에서 누전되는 곳을 찾기 어려운 것처럼, 마음도 지난 시간의 어느 지점에서부터 어긋난 것인지 원인을 찾을 길은 없다.

밤새 뒤척인 다음 날이면 오래 걷는다. 마음의 속성이 그런 것인지 알 수 없지만(마음 편한 쪽으로 기우는) 걷다 보면 고집했던 나를 내려놓고 변화를 받아들이게 될 때가 있다. 햇빛을 비켜 걷는다. 며칠 전까지도 햇빛을 쫓아

걷던 길이다. 계절처럼 나도 조금 변했는지 온갖 일들에 합당한 이유를 찾으려는 마음도 더는 들지 않는다.

언젠가 차단기는 다시 내려갈 것이다. 난감하게 철컥 내려가는 차단기를 원망했지만, 만약 차단기가 작동하지 않았다면 어땠을까. 눈을 보호하기 위해 눈꺼풀이 닫히듯 막무가내 내려가는 차단기는 문제가 아니라 변화할 시점을 알려주는 고도의 예민한 센서가 아닐까.

집은 기존의 배선을 버리고 새로 전기배선을 할 수는 있겠지만 내가 살아온 날들을 영화 찍듯 처음부터 다시 찍을 수는 없다. 너무 멀리 너무 오래 헤매고 다녔다. 들국화의 노랫말처럼 "지나간 것은 지나간 대로" 그냥 둬야 할 때다. 그리고 그다음은 변화하는 것. 그동안 움켜쥐고 있던 나라고 하는 돌멩이를 슬쩍 내려놓게 되는. 지금이 그런 순간이다.

# 엄마 안아주기

아이들이 왔다가 떠나고 미루어 둔 책장을 정리했다. 그새 버릴 책들이 꽤 쌓였다. 상자를 가져와 옮겨 담다가 반으로 접은 주황색 노트를 발견했다. 첫 장을 펼치자 "웃고 넘기기엔 너무 아까워서 여기에 기록해 둔다"라고 적혀 있다.

– 엄마, 나 다 알아.

– 어떻게?

– 그냥.

– 어땠어?

– 심심했어. TV를 못 봐서.

– 왜 못 봤는데?

– 손으로 눈을 이렇게 가리고 있었잖아.

아파서 다행이다

- 그래서?

- 그래서 그냥 서 있었지 뭐.


백과사전에서 태아의 사진을 같이 보고 있을 때였다. 너는 출산 예정일보다 일주일 일찍 태어났다고 가르쳐 주었더니, 엄마 배에 있을 때 하도 심심해서 일주일 일찍 나왔다고 했다. 동생은 형이 재미있게 놀아줘서 늦게 나왔다는 말도 덧붙였다. 상상에 문맥이 맞춤했다. 까맣게 잊고 있었다. 메마른 하늘에서 차가운 빗방울 하나가 톡, 떨어지는 것 같다. 기록해 두지 않았다면 모두 잊혔을 에피소드들.


- 진아, 자꾸 달라붙지 마. 더워!

- 엄마, 선풍기 바람 쐬다가 추우면 내가 따뜻하게 안아줄게. 내 몸이 얼마나 뜨거운지 알아? 만져봐. 만져봐~~! (무더운 여름밤이었다. 아픈 동생에게 엄마를 뺏긴 때였을 것이다)


- 어머! 어떻게 저럴 수 있을까?

– 엄마는 참~~ 그것도 몰라? 그건 서로 다르기 때문이야. 저긴 아프리카잖아. 그냥 달라서 그런 거야! (〈도전! 지구탐험대〉를 보다가)

문화의 차이를 받아들이기엔 여섯 살은 좀 무리라고 생각했었는데, '녀석! 뭐야 대단한걸!' 하고 놀랐던 기억이 떠올랐다. 더 읽고 싶은데 몇 장 안 된다. 유난히 언어에 민감한 아이였는데, 모래알처럼 반짝이던 고운 말들을 더 많이 채록하지 못해 아쉽다. 다섯 살 땐 유치원 버스를 기다리다가 바람이 되고 싶다고 하던 아이. 그 말들은 다 어디 가지 않고 아이에게 남아 있겠지만 너무 빨리 지워지고 있는 내 기억 때문에 안타깝다.

아이는 자라 성인이 되었다. 성인이 된 그 아이가 지금도 나를 안아준다. 외출할 때면 하루에도 몇 번이나 현관 앞으로 나와 커다란 팔을 벌려 아빠를 안고 엄마를 안고 할머니를 안아준다. 어느새 엄마보다 아빠보다 더 크고 너른 품을 가진 사람이 되었다. 그 품으로 동생도 친구도 이웃도 구름도 안을 것을 상상하는 것만으로도 얼마나 뿌

듯하고 벅찬지. "너를 만나 행복하다!" 나도 모르게 소리 내어 말한다. 여기 없는 아이 대신 팔로 내 몸을 혼자 꼭 껴안는다. 언제라도 나를 안아주는 사람이 있다는 건 어마어마한 행운이 아닐 수 없다.

# 그리운 동해남부선

"엄마, 동해남부선 알아요?"

"아니~ 처음 듣는데……"

"부산까지 가는 철돈데 그게 이제 운행을 안 한대요!"

학교에서 돌아온 아이가 뜬금없이 동해남부선 이야기를 꺼냈다. 기말시험이 코앞이라 날마다 안 되는 공부랑 씨름하던 녀석이 웬 뚱딴지같은 소릴 하나 했는데, 밤에 다시 끊어진 줄 알았던 동해남부선이 이어졌다. 친구 중에 기차를 타고 여행하는 걸 좋아하는 친구가 있는데, 자기가 기차에 관심이 있다는 걸 어떻게 알았는지 그 친구가 찾아와 알려주었다고 했다.

"와~~ 재미있겠네! 시험 끝나면 너도 가면 좋겠다!"

"네, 이번 시험 끝나고 가려구요!"

안되는 공부는 어느새 물 건너가고, 기차 여행 가고 싶다는 말을 그렇게 오후에서 밤에 걸쳐 하는 아이다.

동해남부선은 부산진역에서 포항역까지 가는 선로다. 145.8킬로미터의 철길이 동해안을 따라 이어져 풍광이 남다르다고 한다. 그 동해남부선의 해운대-송정 구간이 2013년 12월 1일로 폐선되었다. 그러니까 해운대에서 송정까지의 바다를 낀 아름다운 풍광이 역사 속으로 사라졌다는 말이다. 아쉽게도 새 철길로 달릴 열차는 더 이상 바다를 보여주지 못하게 되었다고 한다. 하지만 오로지 바다를 보여줄 수 없다는 안타까움보다는 오랜 세월 함께해온 기차가 어느 순간 사라진다는 아련함이 사람들의 마음을 잡아끄는 것 같다.

잠자리에 누워 동해남부선을 꼭 타고 싶다는 아이의 말을 곱씹었다. 그 말을 할 때의 아이 표정이 잊히지 않는다. 열다섯, 어느새 사라지는 것에 대하여, 닿을 수 없는 세계에 대하여 눈을 뜨는 아이를 보면서, 마치 폐선된 철길이 다시 이어진 듯 인생의 어느 지점에서 내가 낳은 아이와 아직 어린 시절의 내가 만나는 느낌이 든다.

어릴 때의 나는 늘 어딘가에 가고 싶어 하는 아이였다. 부모님의 걱정을 들으면서도 여기가 아닌 낯선 곳을 꿈꾸었고, 자주 길을 나섰고, 특히 비 오는 날이면 어디로든 차를 타고 떠나길 좋아했다. 그때의 내가 지금 내 아이와 만나 함께 손을 잡고 기차를 타고 떠나고 있는 것 같아 가슴이 벅차다.

가고 싶지만, 갈 수 없는 곳이 되어버린 해운대-송정 구간의 동해남부선을 생각한다. 눈을 감으면 우리에게도 다시 돌아갈 수 없는 그리운 동해남부선이 밤하늘의 은하수처럼 펼쳐진다. 아득히 먼 곳으로부터 오는 그리움이 지금 여기에 온기를 준다. 가고 싶은 곳이 있다는 것, 두려움을 안고서 하고 싶은 것을 좇아갈 수 있다는 것만으로도 기특하고 자랑스럽다. 거기 작은 소망을 싣는다면 어딘가로 힘껏 달려가는 그곳이 그리움이 이끄는 쪽이라면 더욱 좋겠다.

# 모(母)내기

올해 우리는 농사를 L에게 맡겼다. 아침 일찍 L의 삼부자가 함께 와 모를 심는다. L은 두 아이의 아버지고 남편 형제의 친구며, 그의 두 아이가 콧물 흘릴 때부터 장성할 때까지 가까이에서 보고 지냈다. 모판에 심은 가녀린 모 같던 그 아이들이 어느새 자라 아버지를 도와 모를 심는다.

해마다 모내기 때면 어머님은 기계가 들어갈 수 없는 귀퉁이 땅에 손으로 모를 심거나, 이앙기가 지나간 뒤를 따라다니며 쓰러지거나 빠진 모를 다시 고쳐 심는 일을 하셨다. 아들들은 해마다 만류하지만 매년 어머님은 한사코 고집을 꺾지 않으셨다. 그렇게, 그토록, 한사코 세운 고집으로 이룬 살림이리라.

L의 삼부자가 모심는 날, 점심시간에 어머님을 뵈러 간 남편은 할 말을 잊었다. 이앙기 지나간 뒤를 따르는 어머님을 발견한 것이다. 언제나처럼 뙤약볕에 서서 물신을 신고 걸음을 내디딜 때마다 한쪽 무릎이 기우뚱 흔들리는 무논에 핀 어머님.

지금 짓는 농사는 우리 땅에 짓지만, 엄밀히 말해 우리 농사는 아니다. 땅을 빌려주는 대가로 일정량의 작물을 받기로 약정하고 수확한 곡물은 풍흉과 무관하게 다 농사 짓는 이의 몫이다. 그런 농사에 무릎이 아픈 어머님이 모를 심고 있었다.

농사를 한동안 짓지 않기로 결정하는 과정은 수월하지 않았다. 평생 일군 농토에 대한 어머님의 애착과 생업으로 바쁜 아들들의 갈등이 첨예했다. 어느 한쪽도 쉬운 일은 아니었다.

아들의 만류에도 불구하고 심은 여린 모가 그새 꼿꼿해졌다. 뿌리를 내리는 일이란 이런 것일 텐데, 우리도 저처럼 뿌리내렸을 텐데, 왜 우리는 이토록 자주 흔들릴까.

모내기하던 L의 아이들을 생각한다. 그들에게도 아르바이트와 스터디와 스펙을 쌓을 계획이 있었을 테지, 그러나 그 모든 청춘의 일정에 앞서 아버지의 농사가 영순위였을 텐데……. 농부의 아이들은 모두 같은 논밭의 자식들이라 아버지가 밟히고, 아버지가 밟은 무논의 발자국을 밟으며 어른이 될 테지만, 저 아이들에게도 어느 순간 우리와 같은 처지가 올 것인데, 그때 그들은 어떻게 부모의 삶과 자식의 삶을 조율해 갈까.

바람이 불자 무논에 물결이 인다. 자잘한 물결 사이 아버님의 다급하던 발자국이 보이는 것 같다. 남의 농사에 모를 심는 어머님의 행보는 무논에 찍힌 칠십 평생의 발자국을 더듬는 것은 아니었을까. 다시는 돌아오지 않을 세월과 남편과 인생을 바친 논밭. 그 논에 서면 한시도 쉬어갈 수 없던 아버님의 발소리가 들리고 일생 타박하던 성마른 목소리가 들리고 어머니를 염려하는 자식들의 애타는 마음도 밟히지 않았을까…….

바람 편에 올해의 모내기는 모(母)내기가 되고 말았다
고, 가만히 아버님께 소식 전한다.

# 얼마나 추웠으면

어제 어머님께 다녀왔다. 혼자 먹을 물김치도 담그고 회관에도 나가 오래 놀다 오신다고 했다. 잘 지낸다고 하셨지만, 안색이 어둡고 많이 지쳐 보였다.

2월 초, 일기를 써보시라 그림 일기장과 필기구를 준비해 드렸다. 내 방식으로, 일기 쓰기가 애도의 방편이 되지 않을까 해서였다. 어떻게 받아들이실까 고심했는데 쑥스러워하며 받으셨다. 관심은 어떤 약보다 효능이 빨라 어머님의 우울도 잠시 주춤한 듯 보였다. 갈 때마다 여쭤보면 잘 쓰고 있다고 하시고는 보여주지는 않으셨다. 그리고 어제, 이제는 일기를 그만 쓰겠다고 하신다. 어머님 몰래 일기장을 훔쳐보았다. 그새 한 권을 다 쓰셨다. 2월을 가득 채운 일기장. 3월은 텅 비어 있다. '오늘의 다

짐' 난에 꾹꾹 눌러쓴 글을 읽는다. "오늘은 울지 않았다", "이제 울지 말자", "살기 싫다"…….

　숨어야 하는데 숨을 뒤란이 없는 사람. 말하고 싶지만 어떻게 말해야 할지 모르는 사람의 아픔이 고스란히 담겨 있었다. 일기는 뒤로 갈수록 우울함으로 가득했다. 나는 덜컥 겁이 났다. 우울함이 절망으로 잇닿지 않아야 하는데……. 저 사태를 내가 감당할 자신이 있을까? 누군가의 상처를 보듬기엔 내가 너무 미약한데. 나는 나 하나로도 숨이 찬데. 어쩌자고 어머님께 일기장을 내밀었을까. 나는 내가 누구라고 생각했을까.

　"우와! 산에만 눈이 왔네요!"
　늦잠 자고 일어난 아이의 목소리가 들렸다.
　"얼마나 추웠으면……!"
　개수대 앞에 서서 일순 멈칫했다. 흘러내리던 수돗물도, 거품을 내며 부글거리던 수세미도, 말하던 아이도 그대로 멈춤.

얼마나 추웠으면 살기 싫었을까. 얼마나 추웠으면 날마다 울지 말아야겠다고 약속했을까. 얼마나 추웠으면……. 사람이 온다는 건 그 사람의 일생이 오는 일이란 걸 나는 왜 어떻게 잊고 있었을까.

며칠 전 형 데리러 가는 차 안, 할머니께도 형제가 있지 않냐고 아이가 물었다. 형을 생각하다가 할머니를 떠올린 아이. 자신에게 형이 있는 것처럼 할머니께도 형제가 있을 거라는 생각. 저 생각이 오기까지 아이는 할머니를 오래 머금고 있었을 것이다. 할아버지 돌아가시고 홀로되신 할머니가 어린 마음에도 내내 서늘했던 모양이다. 할머니는 어려서 아버지를 잃어 오로지 혼자라고 이야기해 주었다. 아빠에게도 형이 있고, 엄마에게도 언니가 있는데 왜 우리 할머니는 아무도 없을까, 궁금했다고 했다. 외롭게 지내시는 할머니를 바라보며 아이가 가졌을 생각의 언저리를 더듬는다. 누군가의 외로움에 마음이 머문다는 건 저런 따스함이 아닐까. 할머니이기 전에, 어머니이기 전에, 누군가의 딸이고, 누군가의 형제자매였을 거라는 생각. 나아가 누군가의 무엇이기 전에 외로운 한 인간으로 바라볼 수 있는 일은 아무나 할 수 있는 일이 아니다.

  언제나 나는 나를 더 사랑했다. 어머니께 일기장을 드린 이유도 세밀하게 들여다보면 이기적인 생각의 발로는 아니었을까. 스스로 딛고 일어나기를, 자신을 돌아보며 안정을 되찾기를 은연중에 바라고 있었을지 모른다. 안 아드릴 자신이 없고, 내가 힘이 드니 어머님이 스스로 일어서 주기를 강요한 것이나 다름없다. 어머님은 며느리가 준 일기장을 그래도 고맙게 받아주시고, 그래서 힘껏 해 보려고 하셨다. 달력에 한 번 쓰고 공책에 두 번 옮겨 쓰는 과정 중에 어머님은 느꼈을 것이다. 그는 자신의 상처를 다독일 힘이 부족하다는 사실을. 한 번도 자신을 그런 방식으로 치유해 보지 않은 사람은, 자신을 그처럼 아껴 보지 않은 사람은, 자신을 치유할 힘이 없다는 것을. 그런 어머님을 나는 그래도 돕고 있다는 알량한 우월감에 취해 먼 산 보듯 팔짱 끼고 바라보고 있었던 것이나 매한가지다.

  산에만 눈이 쌓인 아침. 내가 내게만 쌓이지 않는 눈에 대해 불만을 토로하는 사이, 얼마나 추웠으면 산에만 눈이 쌓이나 생각하는 아이. 내게서 왔지만 이미 나를 지나 성큼 자란 아이를 돌아본다. 설거지를 끝내고 어머님께 전화해야겠다. 매사에 우울함이 가득하지만, 그 속에서도 무언가 솟아오르는 것이 있다고, 할머니를 염려하는 어린아이들이 있다고, 그러니 빗방울처럼 그렇게 당신은 혼자가 아니라고 힘주어 말하는 아침이다.

# 저절로 떨어진 모과

그의 집 앞 공원에는 모과나무 여러 그루가 있다. 해마다 행인들이 모과를 몰래 따 간다고 했다. 그의 집을 오간 지 여러 해다. 나는 그를 시 창작 교실에서 선생님으로 처음 만났다.

어떤 해는 시를 쓰지도 않으면서 왜 아직 그의 주위를 맴돌고 있나 스스로 의심하기도 했고, 어떤 해는 불을 찾아 날아든 하루살이는 아닌지 자기연민에 빠지기도 했다. 눈 밝은 그가 모를 리 없었겠지만, 천성이 연민이 많은 그는 재능 없이 헛되이 시간만 보내고 있는 나를 말없이 지켜봐 주었다. 언제나 반갑게 맞아주고, 따뜻하게 챙겨주고, 아프지 마시라 다독여 주었다. 돌이켜 생각할수록 고맙고 죄송하다. 그렇게 10여 년이 훌쩍 지났다.

그의 집 부엌에 나란히 앉아 커다란 창 너머 공원을 볼 때였다. 휘청이는 가지마다 화두처럼 모과가 무겁게 매달려 있다. 창밖을 물끄러미 바라보던 그가 이제는 모과를 따야 할 때가 되었다고. 기다리다가 때를 놓칠 수 있다고 했다.

한 방향으로 앉아 같은 풍경을 보고 있었지만 내게 모과는 전체적으로 노란빛이 드러나지 않아 여전히 푸른빛에 가깝다. 아직 덜 여물었다고 혼잣말했을 때, 그가 뒤돌아보며 좀 더 강하게 말했다. 웬만하면 따야 한다고. 곧 바람 불고 비라도 오면 엉뚱한 곳으로 굴러떨어질지 모른다고. 애써 영근 열매를 다치게 하는 건 모과에 대한 예의가 아니라고. 미덥지 못해도 방에 들여놓으면 나름 향기로울 거라고. 그리고 그건 어디까지나 모과의 일일 거라고…….

집으로 돌아가기 위해 공원을 지나갈 때, 때마침 모과한 알이 발아래 툭 떨어졌다. 푸르스름한 모과였다. 그에게 허락을 구하지도 않고 떨어진 모과를 주워 왔다. 햇빛과 바람이 경작한 열매를 바람이 땄으니, 이건 내게 오기로 예정된 열매였을지 모른다고.

집에 돌아와 그에게 편지를 썼다. 아무래도 나는 게으른 농부처럼, 어리석은 여우처럼 저절로 떨어진 모과를 줍는 쪽을 택하겠다고. 나는 설익어서 부끄럽기보다는 온전히 익을 때까지 끝까지 매달리는 쪽을 택하겠다고 썼다. 그러나 내심은 아직 덜 여문 내 역량의 수치를 감당할 용기가 없었음을 인정하면서. 이 또한 익숙한 방식의 외면일지 모른다고 쓸쓸하게 편지를 닫았다.


저절로 떨어진 모과를 햇빛 드는 방에 놓았다. 푸르스름하던 모과도 나날이 노란빛을 띠기 시작했다. 문을 열 때마다 훅 밀려드는 모과 향에 나도 모르게 두리번거리게 된다. 향기는 어디에 있었을까. 비록 덜 여물어도 충분히 향기로울 수 있는 것이 꼭 저절로 떨어진 모과만의 일일까. 어떻게 떨어져도 열매는 열매로서의 삶을 사는 게 아닐까. 한쪽이 먼저 썩어가기 시작한 모과 앞에 무릎걸음으로 다가가 여러 날 눈을 맞춘다. 이제는 모과를 따야 할 때가 되었다던 그의 말을 되새김한다. 애써 저절로 떨어진 열매라야 한다는 고집이 외려 설익은 치기일지 모르겠

다는 의심이 모과를 덮은 검은 반점처럼 드문드문 마음에
자리 잡기 시작했다.